해 방 자

해 방 자

펴 낸 날 2024년 9월 5일 초판 1쇄

지 은 이 김원우
펴 낸 이 박지민
책임편집 김정웅
책임미술 롬디
마 케 팅 박종천, 박지환

펴 낸 곳 모모북스
서울특별시 동대문구 왕산로81, 203-1호(두산베어스 타워)
전화 010-5297-8303 팩스 02-6013-8303
등록번호 2019년 03월 21일 제2019-000010호
e-mail pj1419@naver.com

ISBN 979-11-90408-62-2 03190

해방자

김원우 지음

삶의 무기가 되는 멘탈,
심리의 열쇠

모모
북스

목차

1장 누구나 멘탈종결자 되는 시크릿 I

2장 누구나 멘탈종결자 되는 시크릿 II

3장 누구나 멘탈종결자 되는 시크릿Ⅲ

4장 누구나 멘탈종결자 되는 시크릿IV

1장

누구나 멘탈종결자 되는 시크릿 I

1

자존감

—

할 수 있다는 자기 확신은 자존감에서 나온다

미국의 심리학자이자 작가인 너새니얼 브랜든은 자존감을 "삶과 삶의 요구에 적절히 대응할 때 얻을 수 있는 경험"* 이라고 설명한다. 자존감은 있다가 없어지는 것이 아니다. 인식하든, 안 하든 누구나 내면에 존재하는 것이 자존감이다. 우리의 삶은 다양한 영역들로 구성되어 있다. 나, 가족, 친구, 직장 등 내적, 외적으로 문제가 생긴다. 이런 문제들을 고통스럽더라도 해결하고, 대처하는 경험이 자존감이 된다. 이는 곧 나는 할 수

* 『자존감의 여섯 기둥』(2015), 너새니얼 브랜든, 교양인.

있다는 자기 확신으로 바뀐다. 자존감이 높은 사람은 균형 잡힌 시야를 가지고 있다. 자신의 노력에는 늘 대가가 있다고 생각하고, 행복하게 살 가치가 있다고 믿는다. 실패에서도 배우며 성장한다.

- 자존감은 삶의 균형이자 원동력이다

우리의 삶은 요동치는 주식과 같다. 상한가를 치면 자신에 대한 신뢰와 믿음이 생긴다. 미래에 꽃길만 있다고 믿는다. 하한가를 치면 자기 불신과 후회, 절망이 가득 찬다. 강할 때는 강하고, 약할 때 한없이 약해진다. 하지만 삶에서는 강할 땐 약하고, 약할 땐 강해지는 균형을 지켜야 한다. 자존감이 높은 사람은 인생에 끌려다니지 않는다.

자존감이 높은 사람은 인생이 잘 풀릴 때 흥분하지 않고 겸손해진다. 타인이 눈앞의 기회를 볼 때, 자존감이 높은 사람은 위험을 예측하고 대비한다. 큰 성공을 하면 행복을 나누지만, 발전과 도전은 포기하지 않는다. 성공 그 이후를 생각한다. 자존감이 낮은 사람은 일희일비한다. 얻은 것에 흥분하고, 절제하지 않는다. 잃은 것은 놓아주지 못한다. 눈앞의 기회와 가치에 큰 의미를 부여한다. 어려움에 빠졌을 때 자신은 어려움을 극복할 능력이 없다며 좌절한다. 잠재능력을 발견하거나 자기 실현을 하지 못하고, 그저 인생이 흘러가는 대로 산다.

자존감은 인간 내면에 존재하는 성장의 원동력이다. 개인적인 선택과 의식의 활용은 자존감을 키우거나 혹은 외면하게 만든다.

부정적인 자아를 가진 사람은 스스로 부족하다고 느끼며 공허해한다. 자신의 정신을 믿지 않는다. 자신은 왜 태어났고, 삶의 의미는 무엇인지 모른다. 자신을 사랑하거나 받아들이지 않는다. 단기적인 쾌락과 욕망에 빠지기 쉽다. 반면 성장하는 사람은 '자신은 행복하게 살 가치가 있는 사람'이라고 믿는다. 정신, 능력, 자기 신뢰, 언행일치, 도덕 관념이 충만하다. 이 세상에 나를 대체할 사람은 없다고 믿는다. 자신의 삶은 타인과 다른 고유한 길이 있다고 믿는다.

자존감은 자기 존중과 효능감, 두 가지 축으로 구성되어 있다. 자기 존중은 자신은 대체 불가능한 고유의 가치가 있으며, 행복한 삶을 누릴 자격이 있음을 믿는 것이다. 자신의 욕구에 충실한 것이다. 단지 먹고, 마시고, 자는 1차원적인 욕구가 아니다. 자신이 어떤 사람인지, 삶의 의미와 내게 중요한 가치를 발견하고, "나는 어떻게 살 것인가?"에 따라 자신의 삶을 주도적으로 사는 것이다. 자기 효능감은 자신은 어떤 위기와 고난이 닥쳐오든, 경험하고, 배우고, 대처할 능력이 있다는 것이다. 효능감이 높은 사람은 고난에서 성장한다.

- 당신은 행복하게 살 가치가 있는 사람이다

행복하게 산다는 것은 무엇일까? 내가 태어나면서부터 고유한 가치를 지닌 소중한 사람임을 알고 존중하는 것이다. 어떤 고난과 역경에도 밝은 마음, 생각, 태도로 고통 뒤에는 반드시 행복이 온다는 것을 아는 것이다. 자기 존중은 오직 한 번뿐인 삶에 행복이라는 꽃을 피우고 절대 포기하지 않는 것이다.

우리는 거대한 힘 앞에서 무력한 존재가 되기도 한다. 타인에게 해악을 끼칠 것을 알면서 행동하는 소시오패스. 자신의 쾌락과 이익만을 위해서 정신을 활용하지 않고, 본능에 따라 동물처럼 사는 나르시시스트들. 이들 앞에서는 변화를 기대하고 헌신하는 노력이 물거품이 된다. 이들의 약한 모습을 볼 때면 마음이 약해지고, 변화를 기대하게 된다. 그러나 그들의 눈물과 후회에는 진정성이 없다. 악어가 먹이를 먹을 때 흘리는 거짓 눈물이다. 나를 보살피지 못하게 하고, 피해만 준다. 착취하는 사람들이 옆에 있을 때, 행복은 저 멀리 사라진다. 나를 위해 단호하게 끊어내야 한다.

무엇보다도 자신의 욕구를 존중하라. 나에게 이익이 되는 것을 하라. 사회에서 어떠한 도덕적인 타락이 행해져도, 내면의 도덕성을 존중하고 행동하라. 나의 외면과 내면을 수용하고 사랑하라. 내가 진정으로 좋아하고, 가치를 느끼는 일을 하라. 타인에게 도움을 주고 생산성 있는 삶을 살라. 사랑을 주고, 사랑을 받아라. 자기주장을 하라. 생각과 느낌 감정을 솔직하게 말해라. 삶의 통제권을 타인에게 넘기지 마라. 생각, 행동, 감정을 외부 요인에 맡기는 삶에서 벗어나야 한다.

정신력 관리와 자신감은 외부에 보이는 요소다. 타인이 보기에 긍정적이고 자신감이 넘치는 사람이 있다. 그러나 이들이 내면적으로는 낮은 자존감을 가지고 있을 수도 있다. 언젠가, 삶의 특정 영역에서 부족한 자존감은 수면 위로 올라오게 된다. 이별, 해고, 실패, 부정적인 생각, 삶의 의미, 변화. 건강한 자존감을 키우지 않는 사람은 어려움 앞에 쉽게 무너진다. 겉이 아니라 속을 채워야 한다. 자신에게 물어봐야 한다. "나는 사랑받고, 행복해질 수 있다는 확신이 있는가?" "나는 발전하고 성공할 수 있다는 확신이 있는가?"

- 당신은 어떤 고난과 실패에도 성장할 수 있는 사람이다

자기 효능감의 핵심은 파악, 이해 그리고 배움, 성장이다. 삶의 도전과 시련을 직면하고 그것들이 나에게 주는 의미가 무엇인지 파악하는 것이다. 효능감이 높은 사람은 도망치거나 회피하지 않는다. 정신을 집중하고, 문제를 파악하며 부족한 점이 있다면 인정한다. 그렇게 시련과 도전의 의미를 파악하고 나를 성장시키기 위한 것이라고 이해한다. 실패하기 전의 과거를 복기하며 어느 부분이 부족했는지 집중한다.

잘 아는 것과 모르는 것을 구분하는 것을 "메타인지"* 라고 한다. 자기효능감이 높은 사람들은 인간관계, 사업, 삶의 안정 등 삶의 다양한 부분에서 자신의 부족한 점을 마주 보고 장점, 단

* Flavell, J. H.(1971) First discussant's comments: What is memory development the development of?. Human development, 14(4), 272-278

점, 잘하는 것, 못하는 것을 능동적으로 잘 뽑아낸다. 이들은 높은 메타인지로 고난과 시련을 통해 시련을 통해 나는 어떤 것을 배울지 파악하고 실행한다. 포기하지 않고, 자신의 목표와 배움에 집중한다. 단지 시련을 극복하는 것이 아니라, 더 높은 차원의 성공을 위해 계속 도전한다. 뒤돌아보면 시련은 목표를 언제 달성했는지 모를 정도로 성장과 성공의 밑거름이 되어 있다.

일상적인, 사소한 문제에도 정신을 집중한다면 분명 배우고 고칠 점들이 보인다. 가령 미뤄뒀던 청소를 한다거나, 다툼이 있던 친구에게 먼저 미안하다고 말하거나, 타인에게 피해를 주는 행동을 하지 않는다거나, 가족에게 사랑하고 감사한다는 말을 건넨다거나 하는 것이다. 사랑이 부족하면, 사랑을 주자. 그러면 채워진다. 다툼이 해결되지 않았다면, 먼저 손을 내밀어 보자. 마음이 편해진다. 그렇게 놓치고 있던 부분을 파악하고 해결하다 보면, 자신에 대한 작은 신뢰들이 쌓인다. 일상의 사소한 도전이 모여, 큰 고난과 시련에 대처할 능력을 키워준다.

우리의 통제력을 벗어난 문제들도 물론 존재한다. 그러할 때에 우리는 방관자가 되기 마련이다. 그러나 통제 가능한 일은 우리의 정신을 활용하여 충분히 해결할 수 있다. 실수를 인정하고, 책임을 지며, 양심과 도덕성을 따라 이를 바로잡는 것이다. 문제를 해결해 나아갈 때 우리는 내면과 연결된 느낌을 받는다. 나의 의식이, 두 발이 현실 세계를 딛고 서 있다는 느낌을 받는다. 인생의 희생자, 피해자에서, 생존자를 넘어 주도자가 된다. 할 수 있다는 자존감과 자신감을 가지게 된다.

- 자존감을 높이는 8가지 다짐

- 타인은 나의 가치를 평가할 수 없다. 나의 가치는 그 자체로 고유하다.
- '나'라는 존재에 대해 부족함을 느끼지 말고, 그 자체로 수용하자. 나는 나다.
- 좋아하고, 가치를 느끼는 일을 하며 내 인생을 책임지자.
- 어떠한 어려움이 있더라도 절망하지 말고, 긍정적인 마음을 잃지 말자.
- 행복은 가장 고통스러운 순간 뒤에 찾아온다.
- 항상 감사하고, 사랑하고, 배려하자. 그러면 내가 먼저 바뀌고, 주변도 바뀐다.
- 실패에 좌절하지 말고 교훈을 얻고, 도전하며 배우고 성

장하자.

— 할 수 있는 일과 없는 일을 구분하고 행동하자.

2

회복 탄력성

—

인간은 모두 스스로 일어설 수 있는 내면의 힘이 있다

회복 탄력성이란 시련과 역경이 찾아오더라도 잘 대처하고 다시 일어날 수 있는 능력이다.* 인생 속의 시련은 좌절, 불안, 우울 등의 부정적인 감정들과 같이 찾아온다. 회복 탄력성이 높다고 해서 부정적인 감정들을 느끼지 않는 것은 아니다. 하지만 부정적인 감정과 시련의 늪에 깊이 빠져들지 않고 극복할 수 있는 단단한 멘탈을 만든다. 고통을 회피하지 않아야 한다. 새로운 길이 있다는 것을 알아야 한다. 자신의 강한 정신

* Garmezy, N. (1993). Vulnerability and resilience.

과 잠재력을 믿어야 한다. 강한 정신력의 대가들은 어떤 상황에서도 긍정적인 방향으로 인생을 개척한다.

- 회복 탄력성이 강한 사람은 상황을 객관적으로 파악한다

인간은 동물과 다르게 정신과 합리적인 이성이 존재한다. 이를 통해 직면한 문제를 해결할 수 있다. 그러나 회복 탄력성이 낮을 때, 정신과 이성의 힘이 제대로 발휘되지 못하고 상황과 문제를 객관적으로 파악하지 못한다. 상황에 매몰되고 좌절감을 느끼고 우울해진다. 하지만, 이미 벌어진 상황은 변하지 않는 객관적인 사실이다. 여기에 부정적인 자기 판단이 들어간 순간 고통은 시작된다. 객관적인 사실과 주관적인 해석을 분리해야 한다. 절대 바뀌지 않는 이미 벌어진 사실에 희생되지 않는 것이 상황을 객관적으로 파악하는 방법이다.

셰릴 샌드버그는 14년 동안 페이스북을 이끈 여성 최고 경영 책임자다. 그녀는 2015년 휴가지에서 남편을 심장 부정맥으로 갑작스럽게 잃게 되었다. 그녀는 남편의 사망 원인을 자신의 탓으로 돌리고 자책하였다. 남편의 사망이 자기 삶의 다양한 영역에까지 영향을 미칠 것이라고 두려워하였다. 고통에서 영원히 벗어날 수 없을 것이라 생각하였다. 그러나 그녀는 고통을 회피하지 않고 벌어진 상황과 자신의 판단을 분리하였다. 그녀는 남편의 죽음은 자신의 탓이 아니라는 것을 깨닫게 되었다. 상황은 계속 좋아진다고 확언하였다. 자신의 다양한 삶의 영역들이 남편의 죽음과 연결되는 것을 허락하지 않았다.

스티븐 맥도널드 경관에게 결혼한 지 1년도 안 되어 사지 마비가 찾아왔다. 경관은 자전거 절도 사건을 조사하고 있었다. 사건과 연루된 소년을 심문하려던 중 열다섯 살 소년은 경관에게 권총을 발사하였고 경관은 목 아래 감각을 잃었다. 경관은 무엇이 고통을 불러오는지 잘 이해하고 있었다. 그는 자신에게 총을 발사한 소년을 포용했다. 비록 소년의 사망으로 이루어지지 않았지만, 전국을 돌며 함께 강연하는 것도 계획했다. 맥도널드 경관은 바꿀 수 없는 과거의 일에 자신의 삶을 희생하지 않기로 선택했다.

우리는 상황을 부정적으로 판단하고 받아들이는 데 익숙하다. 수용하는 것 대신 불평하고 화를 낸다. 우울증과 불안 문제가 있는 사람들이라면 더 부정적으로 해석하고 판단한다. 회복 탄력성이 낮을 때 우리는 상황에 지배당한다. 상황을 직면할 수 없고 통제할 수 없다는 생각이 떠오르며 상황은 더 악화한다.

객관적인 사실과 나의 판단과 해석을 구분해야 한다. 그래야 나와 상황에 대한 통제권이 회복된다. 고통 대신 내가 할 수 있는 일들이 보이기 시작한다. 정신의 힘으로, 이성을 되찾는 것이다. 상황을 객관적으로 볼 때 회복 탄력성을 키울 수 있다. 무엇이 사실이고 해석이며, 내가 할 수 있는 일은 무엇인가?

- 회복 탄력성이 강한 사람은 시련 속에서 새로운 가능성을 발견해 낸다

회복 탄력성이 강한 사람은 불리한 상황에서도 자신에 대한 긍정적인 인식을 통해서 새로운 가능성을 끌어낸다. 사람마다 직면한 상황의 무게가 다르기에 압도당할 수도 있다. 익숙하지 않지만, 그 속에서 새로운 길을 발견하는 연습을 의식적으로 하면 회복 탄력성이 좋아진다. 어떤 상황이든 극복해 낼 수 있는 내면이 그릇이 커진다. 자기 확신이 차오른다. 내가 배우고 할 수 있는 것들을 의식적으로 찾게 된다. 회복 탄력성의 대가들은 늘 역경을 기회로 바꾼다.

스티븐 호킹은 천체 물리학과 우주론의 대가로서 케임브리지 대학교의 교수를 역임하였다. 21살에는 루게릭병을 진단받았다. 2년밖에 살지 못하는 시한부 선고였다. 근육이 서서히 마비되어도 그는 좌절하지 않고 나아갈 길을 찾으려고 했다. 그는 "병 덕분에 다른 불필요한 일보다 내가 원하는 것에 집중할 수 있는 시간이 많다."라고 했다. 죽음 선고 앞에서 그는 삶의 의미도 발견했다. 예상보다 55년이나 더 생존해 물리학 발전에 큰 업적을 남겼다. 그는 이렇게 말했다. "나의 가장 큰 업적은 아직 내가 살아 있다는 것이다." 찾고자 하면 길은 보인다.

심리학자 칼 로저스는 "누구나 자신의 부족함을 발견하고 개선할 수 있는 잠재력이 있다."*고 말하였다. '누구나'가 중요하다. 누구나 새로운 길을 찾을 수 있다. 불리한 상황도 성장할 기회로 만들 수 있다. 부족한 점은 관점을 바꾸어 채울 기회로 볼 수도 있다. 이를 위해 용기가 필요하다. 용기는 상황에 굴복하지 않는 나에 대한 무한한 신뢰다. 시련 속에서도 배움을 선택하는 것이다. 비판, 좌절, 무력감, 공포와 기꺼이 대결하는

* Rogers, C. R. (1995). On becoming a person: A therapist's view of psychotherapy. Houghton Mifflin Harcourt.

길을 걷겠다는 뜻이다.

살아간다는 것은 향이 그윽하고 보기 좋은 꽃길만 걷는 것이 아니다. 지독한 가시밭길을 걸을 때도 있다. 고통스러운 상황에서 슬프고 좌절하지 않는 사람은 없다. 그러나 희망은 고통 뒤에 숨어있다. 이를 모르고 시련이라는 고통에만 매달리면 안 된다. 시련 속에서 기회를 발견하자. 원하든 원하지 않든 일은 일어나기 마련이다. 사랑하는 사람이 떠난다. 사기도 당한다. 심지어 집도 잃는다. 그러나 이런 역경 속에는 새로운 가능성이 꿈틀대고 있다. 부족했던 부분을 보완하고 더 성숙해질 수 있다. '누구나' 새로운 가능성을 발견할 수 있다. 용기를 가져라.

- 회복 탄력성이 강한 사람은 포기하지 않는 근성이 있다

회복 탄력성이 강한 사람은 직면한 문제가 무엇인지 인내심을 가지고 탐색하고 이해한다. 과거의 성공과 자신의 업적에 대하여 과신하지 않는다. 자신의 배우는 능력에 대한 강한 확신이 있다. 정신과 의지력을 믿는다. 과거에 집착하지 않는다.

마음먹은 일은 결실을 볼 때까지 한다. 노력의 결실이 있다고 강하게 믿는다. 과정을 통해 긍정적인 자기 이미지를 더욱 쌓아 올린다. 윈스턴 처칠의 말처럼, 절대 포기하지 않는 근성이 있다. 그리고 '누구나' 연습을 통해 근성을 키울 수 있다.

안젤라 리 덕워스 교수는 성적이 저조한 미국 중학생 그룹을 대상으로 근성을 키우기 위한 프로젝트를 진행하였다. 중학생 그룹은 학습에 취미가 없었고 자신에 대한 불신과 부정적인 이미지가 가득하였다. 이들은 자신들의 변화를 믿지 않았다. 리 덕워스 교수는 학습을 포기하지 않고 이해하려고 근성을 가지고 노력하면 뇌가 어떻게 변하는지 보여주었다. 이 교육을 통해 중학생 그룹은 근성이 있다면 자신의 뇌도 변한다고 믿고 학습을 진행하였고 수학 성적도 점점 높아졌다. 프로젝트 후 이들은 노력한다면 변화할 수 있다는 믿음을 가지게 되었다.

– 나보다 목표를 먼저 이룬 사람들의 습관 중 나에게 필요한 습관이 무엇인가?
– 이 습관들이 내가 이루고자 하는 목표와 어떤 연관이 있는가?

— 이 습관들을 꾸준히 유지하는 데 어떤 어려움이 있을까?

나도 근성이 매우 약한 사람이었다. 체중 감량을 하겠다는 목표를 세우고 금방 포기하기 일쑤였다. 심지어 요요 현상으로 몸무게가 더 늘어버리기도 했었다. 그러나 작은 습관들이 근성을 키우는 데 얼마나 중요한지를 깨닫게 되었다. 하루, 일주일, 한 달 단위로 계획을 세우고 일상의 작은 목표들을 달성했다. 결국 48kg을 감량했다. 바디 프로필도 찍었다. 작은 습관은 지금도 성공하는 근성을 만들어 낸다.

- 회복 탄력성을 키우기 위한 2가지 조언

1) 상황이 아니라 나에게 집중하라

노먼 가르메지는 회복 탄력성은 변화하며, 나와 환경의 상호작용으로 만들어진다고 했다. 특히 내적 요인이 중요하다. 나의 장점, 강점을 파악하고, 이 상황에서 어떤 능력이 도움이 될지 판단하고 적용한다.

2) 항상 긍정적으로 생각하라

로저스와 가르메지 모두 긍정성이 회복 탄력성을 높이는 데 중요하다고 보았다. 어려움이 있더라도 포기하지 말고 문제를 긍정적으로 바라보아야 한다. 긍정적인 사고와 태도로 어려움을 대할 때 인간은 잠재력을 싹 틔울 수 있다.

3

해방자

—

오직 나만이 나를 구원할 수 있다

8살 무렵 이런 상상을 하곤 했었다. 내가 부잣집에서 태어났다면 어땠을까. 따듯한 집 안에서 좋아하는 소시지 빵을 배불리 먹을 수 있지 않았을까.

15살 무렵에는 이런 상상을 하곤 했었다. 내가 부자였다면, 이 집을 지킬 수 있지 않았을까. 문 앞에 앉아 울면서 다시 돌아오겠다고 말하지 않아도 되지 않았을까.

27살 무렵 이런 상상을 하곤 했었다. 내가 시간을 되돌릴 수 있다면, 지금은 다른 삶을 살고 있지 않았을까. 현실이라는 이 감옥에서 언젠가 누가 나를 구원해 주지 않을까.

우리는 감옥에서 살고 있다. '어쩌면', '누군가', '언젠가'라는 말로 상상의 구원자를 만들어 낸다. 다른 종목에 투자했더라면 대박 났겠지. 누군가 영화처럼 나타나 나를 이 시궁창에서 구원해 주겠지. 이렇게 열심히 사니까 언젠가는 부자가 되겠지. 열심히 자기 위로를 해 본다. 이렇게 사는 것은 내 탓이 아니라고, 벗어날 수 없다고. 사회가, 환경이 나쁜 것이라고. 감옥에서의 상상과 불평불만은 자유다. 그러나 대가는 지나가 버린 시간이다. 탈출 열쇠는 두 가지를 알면 손에 쥐어진다. 첫째는 모든 책임은 나한테 있다는 것이고, 둘째는 내가 원하는 삶은 내가 만들 수 있다는 것이다.

- 모든 책임은 나에게 있다

모든 것은 내 책임이라는 말은 받아들이기 힘들다. 내가 이렇게 살고 싶어서 사는 것도 아니고, 내 잘못도 아닌 것이 있기 때문이다. 직장 상사, 헤어진 연인, 말 안 듣는 자녀, 마이너스 주식, 담보대출 받은 집 등은 나의 잘못이 아니라고 생각한다. 자신은 피해자일 뿐이라며 어쩔 수 없다고 한다. 무력감을 느끼고 좌절하고 괴로워한다. 그러나 자신이 피해자라는 생각은 누구의 생각인가? 우리 자신이다. 모든 것에 책임지면 나에게 초점이 맞춰지며 나아갈 힘이 생긴다.

미국의 특수부대 네이비실은 체력, 정신을 극한까지 시험한다. 보통 10명 중 2명만이 통과한다. 합격자는 강한 체력과 책임지는 자세가 있다. 훈련이 힘들어 포기하고 싶을 때, 자신의 선택에 대한 책임을 생각한다. 장애물에 좌절하지 않고 어떻게 하면 바로잡을지 생각한다. 임무 실패를 자신의 책임으로 생각하고 팀원을 독려한다. 변명하고 비난하지 않는다. 마음의 중심을 자기 내부에 둔다. 자신의 감정과 행동에 책임진다. 현실을 냉철하게 판단한다. 자신의 정신을 신뢰한다. 궁극적으로 자신을 신뢰한다.

자기 자신에 대한 긍정 혹은 부정적 감각이 있다. 이러한 감각은 과거의 경험들이 쌓여서 만들어진다. 지금까지 어떤 감정으로, 어떤 행동들을 해왔는가? 벅찬 감정이 차오르는 행동도 있다. 후회 가득한 결정을 내린 적도 있다. 행동해야 하지만 회피한 적도 있다. 자극이 있으면 반응이 있다. 의식 혹은 무의식적으로 자기 행동을 평가한다. 평가는 긍정 혹은 부정적 경험으로 내면에 쌓인다. 그렇게 자신에 대한 감각이 형성

된다. 긍정적인 감각이 있는 사람은 최선을 다하고 좌절하지 않는다. 모든 것에 책임진다. 긍정적인 경험을 쌓고, 자신을 더욱 신뢰한다.

자기 감각은 변할 수 있다. 경험의 양이 자기 감각을 완전히 결정하는 것이 아니기 때문이다. 양보다는 질이 중요하다. 그러나 인간은 습관의 동물이다. 자기 감각이 긍정적이면 긍정적인 경험을 할 가능성이 높다. 긍정적인 자기 감각을 유지하는 것이 중요하다.

- 문제를 직면했을 때 나는 해결책을 찾을 수 있음을 믿는다.
- 결과에 대해 변명하거나 타인을 비난하지 않는다.
- 자신이 할 수 있는 일은 회피하지 않고 책임진다.
- 나의 감정에 대해 부인, 합리화, 침묵하지 않는다.
- 나의 욕구를 수용하고 주장한다.
- 도덕적인 감정을 무시하지 않는다.
- 모든 책임은 나에게 있음을 안다. 내 삶은 내가 책임진다.

삶은 선택의 연속이다. 어떤 상황, 환경에서도 선택할 수 있는 자유가 있다. 책임을 지기 위해선 용기가 필요하다. 용기 있는 사람만이 자신의 인생을 책임질 수 있다.

- 주도적인 삶을 살아야 한다

우리는 삶을 창조할 힘이 있다. 자신을 신뢰하는 사람은 삶을 바꿀 힘도 생긴다. 피해자가 되는 것을 거부하며 주도적으로 삶을 끌어 나간다. 긍정적인 경험을 찾아 나선다. 직업, 친구, 인간관계, 경험을 찾아 인생을 즐겁게 만든다. 수동적인 삶을 살며 인생을 불평하지 말아야 한다. 지금 삶이 불만족스럽다면, 삶을 원하는 대로 디자인하라. 자신을 있는 그대로 규정하지 마라. 우리가 믿는 대로 삶은 변하기 시작한다. 원한다면 원하는 대로 자신을 규정하라.

학교 교실엔 그곳과 어울리는 물건들이 있다. 책상, 의자, 칠판, 분필 등의 물건들이 서로 관계를 맺고 그곳에 있다. 어느 하나 빠진다면 어색할 것이다. 책상이 없는 학교 교실을 상상해 보라. 수업은 어떻게 받을 것인가. 환경에서 물건은 서로가 관계를 맺는다. 쓰임새가 정해져 있다. 그러나 인간은 사물이 아니다. 환경에 따라 자신의 쓰임새가 규정되어 있지 않다.

우리는 자유가 있다. 빅터 프랭클 박사는 아우슈비츠에서 아내, 아이, 직장 모든 것을 잃었다. 다른 수감자들은 환경에 굴복했다. 실험체 혹은 노동자로 쓰였다. 반면 그는 환경이 자신을 규정하게 두지 않았다. 인간으로 남기를 선택했다.

환경에 굴복하면 안 된다. 자유를 선택하고 변화해야 한다. 애벌레는 나비로 변할 수 있다는 믿음이 있다. 어느 환경에서건 자신이 나비로 변할 수 있다는 것을 믿는다. 변화를 위해 고치 속에서 웅크리고 인내한다. 누구든 평생 애벌레로 땅바닥을 기어다니라는 법은 없다. 우리에게는 힘이 있다. 환경이 당신에게 강요하는 속박을 무시해라. 모든 위대한 사람들은 환경을 이겨낸 사람들이다. 그들은 자신의 삶을 디자인했다. 변화를 위한 시간을 인내하였다.

인내는 중요하다. 변화에 따른 결과는 즉각적이지 않다. 다이어트를 위해서 밥을 한 끼 건강하게 먹었다고 당장 살은 빠지지 않는다. 그러나 이를 지속하면 우리가 모르는 사이 살은 빠져있다. 변화에 대한 시간을 자기 몸에 새겨넣어라. 환경에 굴복하여 자유를 박탈당한 시간만큼 인내의 시간이 필요하다. 인내하다 보면 어느 순간 변할 수 있다. 오직 당신만의 삶이 눈앞에 펼쳐질 것이다. 환경이 정말 고통스러울 수도 있다. 변화가 힘들 수도 있다. 당연하다. 그러나 위대한 사람들은 이를 감내하고 짜릿한 승리의 기쁨을 누린다. 자유를 찾아 고통을 선택한 자들만이 진정한 행복을 맛본다.

행동해야 한다. 자신의 삶을 감옥에서 해방할 사람은 오직 자신뿐이다. 누구도 감옥에서 나를 꺼내주지 않는다. 문제도 해결해 주지 않는다. 고통받은 시간만큼 밝은 미래가 찾아올 거라 믿었다. 구원자가 있다고 믿었다. 그러나 이는 환상이다. 내 인생을 바로잡을 사람은 오직 나다. 내 삶의 책임은 내가 진다. 나는 나로서 숨을 쉰다. 누구도 나 대신 삶을 살아줄 수는 없다. 나는 자유롭다.

30살이 넘어서 이런 생각을 하기 시작했다.

이런 삶을 살아야 했다며, 스스로를 감옥에 가둔 것은 나 자신이 아닐까?

4

삶의 의미

—

고난 속에서 깨닫게 되는 새로운 기회

사람은 단순하게 좋고 나쁨으로 삶을 판단한다. 돈이 많으면 좋고 의미 있는 삶을 산다. 많은 것을 누리고 소유할 수 있다. 표면적으로는 그렇다. 그러나 돈이 많으면 인간관계, 세금 등 새로운 문제들이 생긴다. 유명해져도 마찬가지이다. 사생활 침해라는 문제가 생긴다. 사람은 자신이 경험하고 아는 것을 이해한다. 경험이 없으면 타인의 삶을 이해하기 힘들다.

- 고난 속에 삶의 의미가 숨어 있다

삶의 의미를 추구하는 방식은 다양하다. 철학자들은 인간의 존재와 목적에서, 종교에서는 영적 존재에 대한 연결을 통해서, 자연주의자들은 자연과 연결된 조화로운 삶에서, 일부 개인들은 성취, 가치, 헌신을 통해 삶의 의미를 찾는다. 소크라테스는 개인의 내면에서 삶의 의미를 발견했고, 아리스토텔레스는 이성과 덕을 따르면 삶의 의미를 발견할 수 있다고 했다. 자극에 대한 반응은 경험이 된다. 경험은 관점이 된다. 관점은 자극에 대해 개인의 의미 있는 반응을 만든다. 삶의 의미는 이런 과정에서 형성된다. 고난에서도 개인은 삶의 의미를 찾을 수 있다.

오스트리아의 정신학자 빅터 프랭클은 두 종류의 사람을 아우슈비츠에서 보았다. 첫째는 목숨을 지키려 발버둥 치고, 독일인 간수에 붙어 동료를 고발하고 학대하는 사람이다. 둘째는 가스실 앞에서도 품속의 빵을 굶주린 자를 위해 내어주고, 기꺼이 자신의 목숨도 내어주는 사람이다.* 고난에 굴복한 사

* Frankl, V. E. (1985). Man's search for meaning. Simon and Schuster.

람은 본능에 따라 움직인다. 생각하기를 멈춘다. 인간으로서의 자유도 포기한다. 고난에 굴복하지 않은 사람은 생각한다. 선택하고 생각할 자유가 있음을 안다. 인간으로서 존엄을 지킨다. 고난을 통해 삶을 배우고 성장한다.

제레미야 덴튼은 1965년 7월 북베트남군에 붙잡혔다. 군사정보를 알아내려는 베트남군에 반항한 대가로 독한 고문을 받았다. 매일 밤 맞고 굶주려도 그는 삶을 포기하지 않았다. 고난이 자신을 성장하게 해준다고 믿었다. 살 수 있다고 굳게 믿었다. 반대로 그의 동료들은 현실을 받아들이지 못했다. 삶의 고난 앞에 좌절하였다. 동료들은 죽었지만 덴튼 중령은 1973년 석방되어 살아남았다. 북베트남에서의 경험을 담은 책을 출판하였고, 앨라배마주에서 공화당 최초로 연방 상원의원으로 선출되었다.

간디는 삶의 정답은 찾아가는 과정이라고 했다. 간디는 1893년 남아프리카에서 인종차별을 경험하였다. 일등석 기차에 있는 간디를 보고 같은 칸에 있던 승객이 신고를 한 것이다. 역무원은 간디가 합당한 기차표를 가지고 있음에도, 짐칸으로 옮기라고 명령하였다. 간디가 거부하자 역무원은 간디를 열차에서 끌어내고 짐도 밖으로 던져버렸다. 간디는 좌절하지 않았다. 오히려 인도인에 대한 인종차별을 없애겠다는 행동 의지를 불태웠다. 인도인의 평등과 독립을 위해 비폭력주의를 실천하며 삶의 의미를 찾았다.

- 삶이 당신에게 기대하는 것이 있다

정답은 평탄한 삶과 같은 말이다. 어느 문제든 자신이 해결할 수 있는 범위에 있는 삶을 의미한다. 그러나 평탄한 삶이란 허상이다. 언젠가는 감당할 수 없는 고난이 찾아온다. 고난은 사람마다 전부 다른 문제를 주고 해결책도 전부 다르다. 고난이 나에게 기대하는 것을 알아야 한다. 고난은 인생에서 예외적인 일이 아니라 현실이다. 회피하고 도망치면 당장은 편할 수 있다. 하지만 삶의 의미를 발견하지 못하고 무의미한 삶을 되풀이할 뿐이다.

삶의 의미를 찾지 못하면 심리, 정신적인 어려움이 생긴다. 대표적으로 6개의 어려움이 있다.

• **무기력과 우울감:** 반복되는 일상이 지겹다. 일이나 학업에

흥미를 느끼지 못한다. 이게 의미 있는 일인가 의문이 들며 의욕이 없다. 하루는 길지만 일주일은 짧은 경험을 한다. 우울감이 느껴지며 삶이 재미가 없다. 동기부여가 되지 않는다. 퇴근 후에도 침대에만 누워 있게 된다. 자신을 비난한다.

- **방향성의 상실:** 졸업 후 진로를 모르겠다. 미래가 불확실하다. 자신과 맞지 않는 회사지만 계속 다닌다. 실업과 커리어에 대한 불안감을 느낀다. 어떻게 살아갈지 모르겠다.

- **예민해짐:** 가정 혹은 직장 내에서 스트레스를 받는다. 자신은 아무것도 통제할 수 없다는 무력함을 느낀다. 가족이나 친구들이 나에게 주는 관심이 거북하다. 사소한 일에도 쉽게 화를 낸다. 친구, 가족, 동료들과 점점 대화가 줄어든다.

- **자신에 대한 효능감 상실:** 나를 가치 있는 존재로 느끼지 못한다. 뭘 해도 안된다고 생각한다. 부족한 점만 보인다. 타인의 평가를 과도하게 신경 쓴다. 쉽게 포기한다. 내가

나 스스로를 잘 모른다는 느낌이 든다.

- **삶의 만족도 저하:** 일상이 행복한지 모르겠다. 직장 혹은 학교를 나가는 게 귀찮다. 모든 게 흥미롭지 않다.

- **중독:** 특정 행동을 끊지 못한다. 비디오게임, 쇼핑, 음주, 도박에 중독된다. SNS에서 무의미하게 보내는 시간이 많다.

어떻게 하면 해결할 수 있을지 고민해보라고 고난은 말한다. 연인과 재회하기, 실패한 사업을 일으키기, 싸운 친구와 화해하기 등 고난은 다양하다. 해어진 이유가 잦은 다툼이라면, 이유를 찾아서 고치고 달라졌다는 것을 보여주면 된다. 사업의 실패가 경험 부족이면, 기회로 삼고 다시 도전하면 된다. 오해 때문에 친구와 싸웠다면, 먼저 용기를 내서 사과한다. 자신도 그렇게 행동했을 거라며 공감한다. 해어진 연인과 다시 만난다. 실패를 통해 실패하지 않는 법을 배운다. 고난은 현실의 문제이다. 그렇기에 삶의 의미를 찾는 방법도 현실적이어야 한다.

- 삶의 의미를 찾는 5가지 방법

현실에서 삶의 의미를 발견해야 한다. 5가지 방법을 소개한다.

• 첫째, 목표와 가치를 찾고 헌신한다.

나의 목표와 가치를 찾은 사람은 일관성이 있는 사람이다. 매사 열정적으로 사는 사람이 있다. 이들은 하루가 바빠 보이며 하는 일도 많아 보인다. 그 사람을 대표하는 특징이 바로 떠오른다. 자신의 의사를 뚜렷하게 말한다. 꾸준하게 자신의 목표를 향해 나아간다. 실패해도 금방 회복한다.

• 둘째, 자신의 잠재적 욕구에 유익한 행동을 한다.

잠재적 욕구는 무의식에 있는 욕구를 의미한다. 가령 배려가 과한 사람은 자기 존중감의 욕구를 타인에게서 찾는 사람이다. 타인의 인정과 칭찬을 통해 만족감을 느낀다. 그러나 자기 존중감은 자신의 내면에서 찾아야 한다. 프로이트는 모든 행동뒤에는 동기가 숨어있다고 했다. 자신이 부족하다고 생각하고 과도하게 의식하는 부분에 나의 잠재적 욕구가 숨어있다. 자신의 잠재적 욕구를 충족할 수 있는 유익한 행동을 하면 의미를 경험할 수 있다. 잠재적 욕구를 알면 자신이 좋아하는 것에 대한 명확한 기준이 보인다. 방향성이 생긴다.

• 셋째, 특정 집단에 소속되거나 타인에게 도움을 준다.

인간의 DNA에는 사회성이라는 프로그램이 내장되어 있다. 특정 집단에 소속될 때 인간관계를 통해 의미를 찾을 수 있다. 타인에게 도움을 주는 행동도 삶의 의미를 찾을 수 있게 해준다. 타인에게 유익한 행동을 하면 내면이 차오르는 느낌을 받는다. 나도 타인에게 도움이 될 수 있는 가치 있는 존재라는 느낌을 받는다.

• 넷째, 생산적인 일을 한다.

생산적인 일에 물질적인 것만 포함되지 않는다. 자기계발을 하면 보람차고 내 삶에 도움도 된다. 가정을 이루고 아이를 돌볼 때 마음이 차오르고 행복한 느낌을 경험한다. 연애를 통해 부족한 내면이 채워지는 안정감을 경험한다. 취미활동을 하면서 점점 흥미를 느낀다. 인간은 모두 성장에 대한 욕구가 있다. 생산적인 일이란 나의 존재가 성장하는 일을 경험하는 것이다.

• 다섯째, 인생에 희로애락이 있다는 것을 받아들인다.

슬픔이 있으면 즐거움이 있다. 탄생이 있으면 죽음이 있다. 행복이 있으면 불행도 있다. 우리는 기쁨과 행복이 영원하기를 원한다. 그러나 기쁨과 행복은 금방 잊힌다. 슬픔과 비극은 오래 남는다. 이래서 삶이 복잡하다. 행복하고 싶지만 현실은 불행하다. 더더욱 행복과 삶의 의미에 집착하게 된다. 그러나 다시 생각해보면 삶은 단순하다. 좋은 일, 나쁜 일은 인생에서 모두 일어난다는 진리가 숨어 있다. 그것이 인생이다. 나쁜 일도 의미가 있음을 지금쯤이면 모두 이해했을 것이다. 그래서 인생에 기대하면 안 된다. 하지만 인생은 당신에게 기대하는 것이 있다. 로마의 철학자 세네카는 삶을 배우려면 일생이 걸린다고 하였다. 내가 인생에게 기대하는 것을 놓으려고 오늘도 삶을 배우고 있다. 인생은 나에게 기대한다. 내가 더 나은 존재가 되기를.

5

긍정심리학

—

감사와 웃음으로 행복을 선택하라

요즘 미쳤냐는 소리를 자주 듣는다. AB형이지만 궁금해서 이유를 매번 물어본다. 옷에 커피를 쏟고 웃어서, 일이 힘든데 기분이 좋아 보여서, 거침없이 표현을 잘해서, 코인 수익률이 바닥인데 웃어서, 차였는데도 밝아 보여서. 그때마다 이렇게 반문한다. 이미 벌어진 일에 감정을 소모한다고 바뀌는 것은 없다. 웃으면 복이 온다고. 그 말이 사실이 되는 것을 몸소 경험했다. 새 옷, 더 좋은 기회, 더욱 좋아진 관계, 감사할 일들이 계속 찾아온다. 방법은 간단하다. 마음의 긍정성을 키우는 연습을 하면 된다. 상황이 다르게 보이고 관점도 변한다. 사람이 달라진다.

- 낙관주의는 행복주의다

낙관주의는 인생, 상황, 사건을 받아들이는 긍정적인 마음의 태도이다. 낙관주의Optimisim는 라틴어 최고Optimus에서 나왔다. 정점을 최고라고 한다. 일이 잘 풀리면 최고의 기분을 맛본다. 원하는 목표를 이루어도 마찬가지다. 행복감을 느낀다. 에피쿠로스학파는 인간의 삶의 의미를 행복에서 찾는다. 인간은 본능적으로 행복을 추구하고 고통을 회피한다. 행복은 최고의 선이며, 인간의 존재 이유다. 불행은 피해야 할 악이다. 행복하기 위해서는 진짜 쾌락을 추구해야 한다. 육체적 쾌락은 강렬하지만 짧다. 정신적 쾌락은 약하지만 오래간다. 정신적 쾌락을 추구할 때 인간은 행복하다.

낙관주의자들은 최고의 날을 만들기 위해 정신적 쾌락으로 무장한 자들이다. 처음 맡은 프로젝트를 진행할 때 자신은 할 수 있다고 믿는다. 일자리를 잃었을 때는 다른 일을 할 기회라고 믿는다. 시험을 자신의 성장을 확인하는 기회라고 생각한다. 다이어트를 할 때는 달라질 자신을 상상하며 유혹을 이겨낸다. 사람들의 긍정적인 면을 찾도록 도와준다. 힘든 상황도 곧 지나간다고 믿는다. 어려운 상황에서도 좋은 결과를 믿고 행동한다. 기회를 포착한다. 실제로 최고의 결과가 생긴다. 최고의 날이다.

비관주의자들은 운명은 이미 정해져 있다고 믿는 자들이다. 자신은 재능이 없다며 프로젝트를 거절한다. 직장을 잃었을 때 최악의 날이라며 회사, 사회를 비판하고 자신을 비난한다. 시험은 반드시 해야 하는 귀찮은 일이라고 생각한다. 좋은 성적을 낼 수 있다고 믿지 않는다. 다이어트를 할 때 몸이 좋은 사람과 비교한다. 난 못한다며 쉽게 포기한다. 자신만 이런 일을 겪는다며 불평한다. 어렵고 힘든 일에 온 정신을 집중한다. 안되는 것, 고난만을 본다. 최악의 결과가 생긴다. 최악의 날이 된다.

현실적으로 살라는 말을 듣는다. 상황을 긍정적으로 보는 것보다 비관적으로 보는 것이 현실적이라고 배운다. 생존을 중시하는 뇌는 부정적인 것에 끌린다. 그러나 잘 생각해보면 비관적으로 살든, 낙관적으로 살든 세상은 굴러간다. 일어날 일은 벌어진다. 사람은 자신이 원하는 것을 찾는 능력이 있다.

주의력이다. 긍정적인 것을 보려고 하면 긍정적인 것만 찾는다. 반대도 마찬가지다. 벌어진 일에 불평하고 화내기보다 웃으면 웃을 일만 보인다.

- 관점을 바꾸면 다른 길이 보인다

지나가는 사람을 붙잡고 나를 사랑해달라고 말해보자. 대부분은 이상한 사람 취급하며 경찰에 신고할 것이다. 마찬가지로 낙관적으로 살라는 말을 듣는다고 바로 낙관적으로 살 수 없다. 상황을 부정적으로 보는 관점이 이미 학습되어 있기 때문이다. 마틴 셀리그만은 학습된 무기력 이론을 개발했다. 부정적인 경험을 통해 개인은 아무것도 할 수 없다는 것을 학습하면, 어떤 상황에서도 무기력해진다는 이론이다.[*] 부정적으로 세상을 본다. 중요한 것은 학습이다. 긍정적인 관점도 학습할 수 있다. 막다른 길에 집중하지 않는 법을 배우면 우회로가 보인다. 새로운 가능성이 열린다.

* Seligman, M. E. (1972). Learned helplessness. Annual review of medicine, 23(1), 407-412.

도로에서 자동차 접촉사고가 발생했다. 운전자 모두 부상은 없었다. 서로 동일한 과실 책임이 있었다. 그러나 운전자의 반응은 서로 달랐다. 흰 승용차에서 내린 운전자는 다치지 않은 것이 정말 행운이라고 하며 상대방의 안부를 물었다. 회색 SUV에서 내린 운전자는 어떻게 이런 사고가 날 수 있느냐며 한숨을 쉬며 신세 한탄을 했다. 한 운전자는 자신을 운이 좋은 사람으로 본 반면, 다른 운전자는 자신을 피해자로 보았다. 두 사람 모두 가족과 통화를 했다. 운이 좋은 운전자는, 천만다행이라며 오히려 기쁨을 나누었다. 피해자인 운전자는 자신이 얼마나 불행한지, 오늘이 얼마나 최악의 날인지 불평하였다.

말라 러년은 시드니 올림픽에 미국 대표팀으로 최초로 출전한 시각장애인 선수다. 어릴 적부터 축구를 해온 러년은 14살에 시력을 완전히 상실하였다. 축구를 포기해야 했지만, 상황을 부정적으로 받아들이지 않았다. 다른 길이 있다고 믿었다. 육상은 노력이 있다면 할 수 있다고 생각하였다. 그러나 남들과는 다른 차원의 노력이 요구되었다. 러년은 주위 선수들의 숨소리, 뛰는 소리를 들으며 달리기를 배웠다. 장애물경주나 높이뛰기는 발자국 수를 계산해 뛰는 법을 배웠다. 러년은 시드니 올림픽에서 8위를 했고, 1년 후 다른 경기에선 우승했다.

일어날 일은 일어나기 마련이다. 이미 벌어진 상황을 바꿀 수 있는 선택지는 존재하지 않는다. 그러나 관점은 선택할 수 있다. 같은 상황에서 두 운전자는 다른 관점을 선택하였다. 말라 러년은 시력 상실이라는 상황을 긍정적인 관점으로 해석하였다. 그녀는 이렇게 말했다. “시력 상실이 있었기에 해낼 수 있었다.” 그녀가 장애라는 막다른 길에서 좌절했다면, 육상선수가 될 수 없었을 것이다. 그리고 그녀의 코치와 결혼하여 행복한 가정을 꾸릴 수도 없었다. 마틴 셀리그만 박사는 말한다. “행복이란 그 일에 대한 인식에 달려있다.”

- 긍정적인 관점은 학습할 수 있다

상황에는 2가지의 요인이 존재한다. 첫째는 객관적 상황이다. 이별, 업무상 어려움, 건강 문제, 사고 등이다. 둘째는 상황에 대한 관점이다. 이별의 원인은 내가 그녀와 어울리지 않았기 때문이다. 업무가 어려운 것은 내가 능력이 부족하기 때문이다. 건강 문제가 있어서 불행할 것이다. 우리는 상황 때문에 고통받지 않는다. 상황에 대한 관점이 우리를 고통스럽게 만든다. 행복이 아닌 고통 속으로 우리를 안내한다. 낙관주의는 삶에 대한 관점이다. 비극에도 자신의 삶에 대해 계속 질문하고 긍정하는 관점이다. 부정적인 상황이 생기면 5가지 질문을 해 보자.

- 내가 배울 점이 무엇일까.
- 긍정적으로 받아들일 수 있는 방법은 뭘까.
- 이 경험을 통해 어떻게 성장할 수 있을까.
- 친한 친구가 같은 문제를 겪는다면 어떤 조언을 해줄 수 있을까.
- 이런 비슷한 상황을 극복한 경험이 내게 있을까.

5가지 질문은 자신의 상황을 객관적으로 보게 해준다. 상황에 대한 부정적인 해석을 원점으로 돌려놓고 성장의 방향성으로 우리를 이끈다. 부정적인 상황에서 다른 가능성을 열어준다. 처음에는 상황에 매몰되어 질문할 여유가 없지만, 노력하면 할 수 있다. 애초에 상황에 매몰되지 않고 가능성을 찾아낼 수 있다. 그러려면 평소에 긍정성을 키우는 연습을 하면 된다. 가장 좋은 것은 감사 일기를 쓰는 것이다. 당연한 것에 대해 감사하는 연습을 하면 긍정적인 마음을 키울 수 있다. 다음과 같은 방법으로 감사 일기를 작성한다.

• 감사 일기를 작성할 시간 정하기.

시작이 반이라는 말이 있다. 아침에 감사 일기를 쓰면 긍정적인 기분으로 하루를 시작할 수 있다. 저녁에 작성하면 하루를 되돌아보며 감사함을 느끼고 긍정적인 기분으로 잠들 수 있다. 아침, 저녁에 쓰면 좋다. 그러나 시간과 장소에 구애받지 않아도 된다.

• 목표 정하기.

얼마나 감사할 것을 쓸지를 정한다. 나는 매일 5가지를 한다. 군대에서 주입된 습관 덕분이다. 처음부터 5가지를 적어보라고 하면 할 말이 없다. 그래서 3가지로 시작하는 것을 추천한다. 뭐든지 상관없다. 날씨, 가족, 자연, 친구, 집, 심지어 침대에도 감사할 수 있다. 하지만 꼭 이유가 있어야 한다. "나는 침대에 감사하다 왜냐하면 푹신하고 쾌적하게 잠을 자고 일어나 아침에 감사 일기를 쓸 수 있게 해주는 덕분이다." 감사의 이유는 '덕분에', '그래서'라는 단어를 넣어서 쓴다. '때문이다'

는 부정적인 단어이다. 단어에는 힘이 있다. 감사 일기는 긍정적인 단어로 채워 넣어야 한다.

• 꾸준히 하기.

부정적 관점으로 산 것만큼의 시간이 필요할지도 모른다. 그러나 어떤 행동을 21일 동안 반복하면 습관이 된다. 무엇보다 강력한 동기도 필요하다. 당신은 왜 감사 일기를 쓰려고 하는가. 성장하고, 잠재력을 찾고, 성공하고 싶어서일 것이다. 그렇다면 해낼 수 있다. 그리고 동기는 당신이 이미 책을 고를 때부터 있었다.

다시, 에피쿠로스학파로 돌아가보자. 최고의 선은 행복이며, 인간의 본능은 쾌락 추구라고 하였다. 강렬하고 짧은 육체적 쾌락이 아닌, 약하지만 긴 정신적 쾌락이다. 고통은 피할 수 없다. 육체적인 고통은 금방 사라진다. 그러나 정신적인 고통은 길다. 정신적 쾌락을 자신의 무기로 삼자. 그러면 고통은 짧고 행복과 성장을 얻을 수 있다. 행복을 위해서라도 우리는 낙관주의자가 되어야 한다.

6

의식하기

—

의식하는 삶을 살면 멘탈이 강해진다

나는 삶이 공허하다는 느낌을 자주 받았다. 내가 무엇을 좋아하는지, 어떤 일을 하고 싶은지 몰랐다. 남들은 저마다의 삶을 살고 성공하고 있는데 나만 정체된 느낌이었다. 시간관념이 왜곡되는 느낌을 받았다. 하루는 길지만, 일주일은 짧았다. 세월이 너무 빠르게 느껴졌다. 지나간 삶이 잘 기억나질 않았다. 생각 없이 살았다. 쇼핑, 게임과 같이 단기적인 쾌락을 주는 것들에 빠져 살았다. 공허하고 무료한 느낌이 들면 음주로 회피했다. 비싼 대가를 '삶'으로 지불했다. 의식적인 삶을 살지 않았기 때문이다.

- 정신력이 강한 사람은 의식 수준이 높다

의식이란 생명체가 가지고 있는 독특한 '상태'를 의미한다. 의식은 3가지 기능적 요소가 있다. 첫째 나를 둘러싼 환경을 파악하게 해준다. 인류가 환경을 파악하지 못했다면, 추위, 질병, 포식자 같은 위험요소들을 극복하지 못했다. 둘째, 현실을 인식하게 해준다. 의식이 없었다면 우리는 꿈과 현실을 구분하지 못했을 것이다. 꿈이 생생하다고 현실 같다고 하지, 꿈이 현실이라는 말은 하지 않는다. 셋째, 의식은 주의를 집중할 수 있게 해준다. 무엇에 주의를 기울일지, 아군인지 적군인지, 무엇을 선택해야 할지 알려 준다.

인간은 동물과 다른 의식체계를 가지고 있다. 동물은 환경에 적응하고, 생존과 번식을 위해 의식의 대부분을 사용한다. 그러나 인간은 다르다. 인간에게는 상상을 현실로 만드는 힘이 있다. 추상적인 사고가 가능하다. 환경을 극복하고, 물건을 창조해낸다. 심지어 자신의 생존 본능을 뛰어넘어 타인을 구해낸다. 남과 구별되는 '자아'를 만들어낸다. 인간의 이런 독특한 의식체계를 정신이라고 한다. 정신은 자유의지에 기반한다. 무엇을 경험하고, 선택하고, 회피할지 선택할 수 있다는 것이다.

정신력이 약한 사람들은 고통이 두려워 환경과 시련에 굴복한다. 흘러가는 대로 산다. 무기력, 우울감 공허함을 느낀다. 자신이 누구인지, 무엇을 좋아하는지 모른다. 인내력이 약하다. 자존감이 낮다. 행동과 말이 일치하지 않는다. 단기적인 쾌락을 추구하며 산다. 마약, 도박, 술에 쉽게 중독된다. 정신이 오염되어 있다. 타인의 시선을 과하게 신경 쓴다. 이들은 의식적인 삶을 살아가지 않는 사람들이다.

반면 고난과 시련을 극복하고 성공한 인물은 모두 정신력이 강한 이들이다. 인명을 구해낸 초인들과 영웅들을 보면 고통을 회피하려는 동물적 본능을 이기고 대의를 선택한다. 그들은 강한 목적의식과 신념을 가지고 있다. 위기 속에서도 기회를 찾아낸다. 인내력이 강하다. 자존감이 높다. 행동과 말이 일치한다. 자기주장을 잘한다. 사리 분별을 잘한다. 이처럼 정신력이 강한 이들은 의식적으로 삶을 살아간다.

- 의식적으로 사는 것은 성장을 택하는 것이다

커피에 매력을 느끼며, 사람들과 교류하는 것을 좋아하는 회사원이 있다. 불만족스러운 회사 대신 카페 창업을 마음먹는다. 이를 위해 시장조사, 세금, 재무, 마케팅 등 자신이 배우고 알아야 할 것들이 많다. 하지만 배움이 어렵고 귀찮다고 점점 미룬다. 타인에게 의지하려고 한다. 결국 카페 창업을 포기한다. 창업 생각이 떠오를 때마다 할 수 없는 이유를 찾는다. 회사의 월급이 괜찮다고 합리화한다. 자신의 내면을 점점 더 의식하지 않게 된다. 자신의 내면과 연결되지 않은 느낌을 받는다.

의사가 되는 것이 자신의 길이라고 믿어온 사람이 있다. 부모님, 친척들 모두 의사 내력이 탄탄하다. 그는 부모님에게 인정을 받고 싶어 했다. 외국어 고등학교를 졸업하고, 유학길에 올라 의대에 입학했다. 그러다 우연히 고등학교 동창을 만나게 된다. 동창은 기자가 되어 전 세계를 돌아다니며 사건들을 취재하고 있었다. 이야기를 나누던 도중 기자라는 직업에 매료된다. 대학교 방송부에서 학생 기자로 활동하기 시작한다. 기자에 대한 확신이 커지게 된다. 고민 끝에 의대를 그만두고 방송사에 취직한다. 내면이 채워지는 느낌을 받는다. 기자로서 인정받아 승승장구한다.

의식적으로 살아간다는 것은 나를 존중하는 삶을 사는 것이다. 또한 자신의 능력을 최대한 발휘하며 살게 된다. 내면과 외면의 세계를 연결하는 다리가 더욱 튼튼해지기 때문이다. 우리는 자신 혹은 삶에서 부족한 점을 의식하는 능력이 있다. 부족한 점을 의식하고 해결하는 과정은 고통스럽다. 무엇부터 해야 할지, 혹은 무엇이 최선일지 고민한다. 혼란스럽고 답이 없다고 느낀다. 그러나 의식적으로 계속 질문을 해야 한다. 내가 누구인지, 무엇을 좋아하는지, 삶의 의미는 무엇인지 끝없이 질문하고 정답을 찾는 것이다. 답이 나왔다면 고민하지 말고 행동한다. 그리고 다시 고민한다. 그러다 보면 나는 어떤 사람인지에 대한 갈피가 점점 잡힌다. 어떤 도덕 관념이 있는지, 인간관계에서 채울 점은 무엇인지, 어떤 사람이 되고 싶은지 알게 된다.

- 의식적으로 사는 방법

의식적인 삶을 실천하는 사람은 정신력이 강하다. 자신의 선택에 대한 확신이 있기 때문이나. 무조건 성공한다는 확신이 아닌, 자신의 선택을 끝까지 관철하겠다는 강한 의지에 대한 확신이다. 의식적으로 산다는 것은 자존감을 높이겠다고 선택하는 것이다. 의식적으로 사는 방법은 다음과 같다.

• 삶의 어느 영역에 주목이 필요한지 의식하기.

고통스러운 부분 혹은 자신이 없는 부분이 있다. 배우자, 직업, 학업능력, 가정, 직장 등 자신을 둘러싼 상황에서 찾는다. 이를 노트에 적고 이유를 적는다.

예) 인간관계: 고립된 느낌이 든다.

경제력: 자립하지 못하고 자신이 무능하다고 생각이 든다.

• 우선순위 매기기.

사람은 처한 환경이 다 다르다. 따라서 우선순위도 전부 다르다. 가장 먼저 떠오르는 문제대로 순번을 부여한다. 우선순위가 먼저 부여된 것은, 의식 혹은 무의식의 영역에서 가장 발전이나 해결이 급한 부분이다.

• 우선순위를 부여한 이유 생각해보기.

어떤 목적이 있는지, 어떤 가치를 중요하게 생각하는지, 어떤 목표가 있는지 생각해본다. 예) 1순위 인간관계: 나의 고민을 나눌 좋은 친구들이 있었으면 좋겠다.

2순위 경제력: 경제적인 자립을 통해 나를 스스로 책임지는 삶을 실천하고 싶다.

• 우선순위대로 주어진 상황에 대한 해답 찾기.

답을 찾기 위해 최선을 다해야 한다. 우리는 답이 어디에 있는지 알고 있다. 인간관계에서 소외감을 느끼는 사람의 경우를 보자. 1. 색안경을 끼고 사람의 옳고 그름을 판단한다. 2. 상대방과 소통의 문제가 있다. 3. 자의식이 과해 타인의 행동을 왜곡해 해석한다. 4. 매일 불평불만을 털어놓는다. 이처럼 다양한 원인이 있다. 스스로 끝없이 문제 원인을 찾기 위해 질문하고 과거를 돌아봐야 한다. 부족한 부분은 책이나 선구자들에게서 도움을 얻을 수 있다. 당신만이 그런 문제를 겪지 않았다. 많은 문제의 해결책이 이미 존재한다. 다만 이를 찾으려 하지 않았기 때문이다.

이런 과정을 거쳐 우리는 자아 성찰을 할 수 있게 된다. 배우자, 연인, 가족에게 상처를 입혔다는 것을 의식한다. 직장동료에게 저지른 실수를 인정하고 바로잡아야 한다고 인식한다.

중요한 것은 자신의 부족한 점을 인정하고 바로잡기 위해 행동하는 것이다. 생각만 하며 합리화하는 것은 자신의 의식을 외면하는 행동이다.

- 의식적으로 살기 위해 실천해야 할 것들

• 현실 외면하지 않기.

어떤 문제는 조금만 의식해도 해결책이 보이지만 그렇지 않은 경우도 있다. 문제는 현실이다. 현실을 외면해선 안 된다. 끝없이 의식하고 정답을 찾으려 할수록, 자신의 의식도 발전한다. 각 문제는 서로 다른 의식 수준을 정답으로 요구한다. 문제를 해결할수록 자신에 대한 통제력도 커진다. 자존감도 덩달아 올라간다.

• 모든 경험의 주체는 '나'임을 인식하기.

모든 경험은 타인이 아닌 내가 하는 것이다. 문제에만 골몰하고 있으면, 지금의 경험에 소홀해진다. 타인의 불평을 듣는 것도, 친구와 쇼핑을 하는 것도 다 내가 하는 것이다. 모든 감각을 열어 경험을 수용해야 한다.

• 자의식 내려놓기.

정답을 찾아가는 과정에서 저항이 생길 수 있다. 자신의 실수를 인정하지 않으려고 한다. 나의 자아를 지키기 위해 방어기제가 발동하기도 한다. 애초에 문제를 알아차리지 못할 수도 있다. 이때는 나의 방어기제가 지키고 싶은 것이 무엇인지 알고 다독여 줘야 한다. 실수가 있고, 부족한 점이 있음을 인정해야 한다. 모든 과정이 자신의 발전에 도움이 된다고 믿어야 한다. 이런 노력만으로도 의식의 수준은 높아진다.

• 문장 줄기를 채워 넣는 연습하기.

평생을 자존감과 의식에 관해 연구한 너새니얼 브랜든은 어떤 부분에서 의식이 더 쓰여야 할지 알려주는 방법을 고안했다.* 아침에 일어나서, 그리고 잠들기 전 무의식이 가장 활짝 열렸을 때 연습한다. 각 5분이면 충분하다.

* 자존감의 여섯 기둥(2015), 너새니얼 브랜든, 교양인

* 의식적으로 살기 위한 문장 연습

[의식적으로 산다는 것은 ~~~을/를 의미한다.]

2분 안에 6~10개의 문장을 완성한다. 깊게 생각하지 않는다. 뭐라도 쓰면 된다. 바로 다음 문장으로 넘어간다.

[~~에 내가 의식을 5퍼센트 더 집중한다면, ~~~]

[내가 오늘 친구들을 어떻게 대하는지 5퍼센트 더 의식한다면 ~~~]

[내게 가장 중요한 ~~에 주의를 5퍼센트 더 집중한다면 ~~~~~]

[오늘 내 행동에 5퍼센트 더 의식을 집중한다면 ~~~~~]

물결표에는 당신과 관련된 것들이 들어간다. 감정, 관계, 상황, 사건 등이다. 이후 하루를 시작하면 된다. 잠들기 전에는 다음과 같은 문장을 채워 넣는다.

[내가 ~~에 5퍼센트 더 집중한다면, ~~ 될 것이다.]

[나의 행동을 5퍼센트 더 의식하면, ~~ 될 것이다.]

[중요한 ~~에 5퍼센트 더 의식을 집중하면 ~~일이 일어날 것이다.]

일주일 동안 과제를 수행한다. 전날에 적은 것은 절대로 다시 읽으면 안 된다. 나는 이를 적고 읽지 않기 위해 불태웠다. 그리고 매일 연습하니 전날에 있던 것과는 다른 문장이 나타난다는 것을 알아차렸다. 이를 통해 의식이 점점 발전하는 것을 느꼈다. 점점 나의 일에 집중할 수 있게 되었다.

2장

누구나 멘탈종결자 되는 시크릿 II

7

선택

—

모든 선택의 책임은 나에게 있다

선택, 선택, 선택! 우리의 삶은 선택의 연속이다. 아침에 뭘 먹을지, 무엇을 입을지, 어디서 살 것인지, 어떤 직업을 선택할 것인지. 우리의 삶은 선택이라는 탑으로 이루어졌다고 해도 과언이 아니다. 모든 선택은 의미가 있지만 때론 선택의 중요성을 간과하곤 한다. 작은 선택으로 행복과 불행이 찾아올 수 있는데 말이다. 선택은 중요한 2가지의 의미를 포함하고 있다. 첫째, 내 선택의 책임은 나에게 있다. 둘째, 선택은 전적으로 독립적인 나의 의사 표현이다.

- 내 인생의 결과가 나의 선택이다

우리는 잘되면 내 덕, 안되면 남 탓을 한다. 나는 잘못된 투자를 했다가 결국 사기임이 밝혀지자 소개해 준 사람을 탓하고 비난한 적이 있다. 반대로 그 사람이 준 정보 덕분에 돈을 벌었을 때는 내가 옳은 선택을 했다며 자화자찬했다. 돌이켜 보면, 어떤 투자를 했든 모두가 내 선택의 결과였다. 나의 선택을 수용하기까지 8년이 걸려 비로소 교훈을 얻을 수 있었다.

선택은 의식적, 무의식적으로 이루어진다. 의식적인 선택을 할 때 우리는 '생각'이라는 깐깐한 친구를 불러낸다. 득과 실, 효용성 등을 비교해 보기 시작한다. 최고의 선택을 내린다. 반대로 무의식적인 선택은 순간적으로 이루어진다. 늘 하던 최고의 선택을 습관적으로 한다. 잘 생각해 보면 의식적인 선택을 하는 순간은 적다. 생각을 조금 하다가 귀찮아서 남들이 좋다는 것을 따라 선택한다. 인생을 좌우하는 선택에도 마찬가지이다.

자신이 무엇을 좋아하고 배우고 싶은지보다 대학교 간판을 선택한다. 시험 점수, 등급에 따라 대학교 간판을 1지망 2지망 3지망에 이리저리 옮겨 다니며 배치한다. 어떤 학과든 상관없다. 다른 사람들이 많이 선택한 대학교면 되는 것이다. 그리고 입학한다. 인생은 탄탄대로를 달릴 거라고 믿는다. 1년, 2년 그렇게 믿으면서 논다. 그러다 선택의 순간이 다시 찾아온다. 군대와 취직. 여기서도 의식적으로 선택하지 않는다. 다른 동기들처럼 비슷한 시기에 군대에 가거나 미룬다. 취직 후 진로도 대기업이다. 취직 후에, 다시 선택의 순간에 선다. 퇴사할까 말까. 심각한 선택 장애를 겪는다.

자신의 인생을 책임지는 사람은 선택 장애를 겪지 않는다. 모든 결과의 책임은 나에게 있다는 생각에 더 고민하고 질문한다. 신중하게 자신을 믿는 선택을 한다. 자신을 믿는 사람은 자기 내면의 목소리를 잘 듣는 사람이다. 내 마음을 잘 아는 사람이 신중한 선택을 할 수 있다. 예를 들어, 퇴사를 결정할 때도, 퇴사하고 나서 자신이 무엇을 해야 할지 잘 모르거나, 혹은 이 직장이 아니면 어느 직장을 다니냐며 생각한다. 퇴사하지 않는 것이 최선의 선택이라고 포장한다. 그러나 그 이면에는 자신의 삶을 책임지지 못하는 두려움에 가득 찬 어린아이가 있을 뿐이다.

- 정신적 자립이 진정한 자유를 준다

현대인의 대부분이 정신적인 독립을 하지 않는다. 진짜 자신의 삶을 찾으려고 하지 않는다. 중요하지도 않은 일에 파묻혀 그릇된 선택에 선택을 거듭한다. 바로 지금이 안정된 삶이라고, 의미 있는 선택이었다고 한다. 그리고 이것만 해내면, 나를 위한 선택을 하겠다며 다짐한다. 그러나 그 이후에는 다른 의무에 가득 찬 일이 찾아오기 마련이다. 정신적인 독립이 된 상태에서 내린 선택은 후회가 남지 않는다. 적극적으로 자신의 삶을 개척하려고 한다. 모든 선택에 대한 책임을 질 수 있다. 삶을 책임지라는 의미는, 정신적으로 독립하라는 의미이다.

직장, 인간관계, 직업, 대학교, 경제적 자립, 삶의 모든 영역에서 우리는 은연중 타인에게 의존하고 있다. 타인에게 선택을 의존하는 습관을 버려야 한다. 그러기 위해선 정신적으로 독립을 선언해야 한다. 정신적인 독립이란, 타인의 의사대로 사는 것이 아닌, 내가 원하는 것을 자유롭게 선택하여 사는 삶을 의미한다. 진정한 의미의 선택에 대한 책임이다.

정신적으로 매여 있는 사람은 다음과 같은 문제를 겪는다.

- **자존감 하락**: 타인에게 의존하는 사람은 자기 능력을 불신한다. 자기 효능감이 저하되어 자신을 신뢰하지 못하게 된다. 결국 자아를 찾으려는 노력을 포기하게 되고 타인의 의견에 휘둘리게 된다.

- **죄책감**: 정신적으로 독립하지 않으면, 오직 타인의 기대에 부응하기 위한 의무만을 선택한다. 기대에 부응하지 못하면 죄책감이 들고, 화가 난다. 결국 타인과의 관계에서 갈등이 생긴다.

- **결정 장애**: 자신의 삶을 늘 타인에게 의존해서 살아온 사람은 결정 장애를 겪는다. 삶의 중대한 결정에서도 자기 내면의 목소리를 따르지 않고 타인에게 휘둘린다. 타인의 선택을 따라 일이 잘못되었을 경우, 자신의 책임이 아니라며 남 탓을 한다.

- **스트레스**: 삶이 자신의 통제하에 있다는 느낌이 들지 않는다. 공허하고 무력감을 느낀다. 또 자신이 더 좋은 삶을 살 수 있다는 것을 믿지 않는다. 새로운 경험을 두려워하고

회피한다.

정신적 독립은 스스로 생각하는 힘을 키우겠다는 선택을 의미한다. 내가 선택한 결과를 통해 나의 삶을 개척할 때 자신을 더 긍정적으로 평가할 수 있다. 나의 선택은 오로지 나의 책임이다. 선택에는 결과가 존재한다. 그 결과를 만들어 낸 장본인이 나라는 것을 받아들여야 한다. 결과가 만족스럽거나 그렇지 못해도 모든 원인은 나에게 있다. 이를 받아들일 때 정답을 찾을 수 있다.

*** 정신적인 독립을 키우기 위한 문장 연습**

3분 안에 깊게 생각하지 않고 최소 6개의 문장을 ~~~~ 부분에 채워 넣는다. 물결에는 모든 것이 들어갈 수 있다.(감정, 인간관계, 결과, 삶 등등)

[내가 정신적으로 독립하여 나의 선택에 대해 책임진다면 ~~~~]

- 좋은 선택을 하는 방법

오답! 우리가 세상에서 가장 무서워하는 단어다. 우리는 직장, 돈, 인간관계, 명예를 잃을까 봐 전전긍긍한다. 선택의 순간 완벽한 정답을 찾으려고 분투하는 이유다. 그러다 아무것도 선택하지 못하고 오히려 좋은 기회를 놓치기도 한다. 완벽한 선택이라는 울타리 안에서 변화를 더 두려워하게 된다. 불안해지고 우울해진다. 과감하게 선택하지 못한 자신을 자책하게 된다. 주변인들에게 열등감을 느끼고 비교한다. 완벽한 선택을 하기는 어렵지만, 좋은 선택을 하는 방법은 있다.

첫째, 선택에 앞서 내가 원하는 세계를 그려본다.

선택으로 변할 자기 모습과 환경을 미리 그려보는 것이다. 이를 통해 어떤 선택이 나에게 더 의미 있는지 알 수 있다. 선택 장애가 줄어든다.

먼저, 지금의 나를 직면한다. 선택에 앞서 객관적으로 자신의 상황을 적는다. 좋다, 나쁘다, 멋지다 등의 단어는 뺀다. 주관은 철저하게 배제한다. 사는 곳, 입는 옷, 통장 잔고, 자동차, 가족, 인간관계, 직장 등이 될 수 있다.

다음으로 내가 지금 느끼는 감정을 솔직하게 적어본다. 나는 지금의 나와 내가 처한 상황에서 어떤 감정을 느끼는가? 내가 원하는 것은 무엇인가? 내가 생각하는 나의 모습은? 나와 관련된 모든 감정을 느끼고 적어본다.

마지막으로, 나의 선택으로 바뀌는 세계를 그린다. 자신이 살고 싶은 세계를 상상해 본다. 조용한 곳에서 눈을 감고 자신의 세계를 천천히 그려 본다. 집, 가족, 친구 관계, 직장, 먹고 있는 음식, 입고 있는 옷. 명확하게 각인될 때까지 그려 본다. 생생하게 그린다. 누구와 있고, 무엇을 하는지 그린다. 그리고 눈을 뜬다. 선택지를 다시 본다. 어떤 선택이 더 끌리는가.

둘째, 성장하는 마인드 셋을 장착한다.

어떤 선택을 하든 성장하는 사람과 실패하는 사람이 있다. 전자는 어떤 선택이든 배움과 기회가 있다고 믿는다. 후자는 선택의 득과 실을 철저하게 따진다. 누가 정답을 골랐을까? 어느 길이건, 장애물은 존재하기 마련이다. 처음에는 득과 실을 철저하게 따지고 선택했다고 하더라도, 장애물이라는 예상치 못한 변수가 찾아온다. 득보다 실이 더 클 경우, 장애물에서 좌절한다. 자신을 믿지 못한다. 자기 효능감이 낮아진다. 하지만 어떤 선택에도 배움이 있다고 생각하는 사람은 모든 여정에서 기회와 배움을 찾아낸다. 장애물을 극복하는 연습을 통해 내면과 정신력이 더 단단해진다. 꾸준히 길을 걷다가 돌아보니 자신이 원하는 모습으로 살고 있다.

어떤 길이든 장애물은 있다고 믿자. 장애물을 뛰어넘어 극복할 수 있음을 믿어야 한다. 자신을 믿어야 한다. 그리고 모든 선택은 자신의 꿈과 목표에 도움이 된다고 생각해야 한다.

"나는 어려움을 극복할 능력이 있다. 모든 경험은 모든 면에서 나를 조금씩 발전하게 한다."

셋째, 직감을 믿는다.

스티브 잡스는 보이지 않는 곳에 쌓인 경험과 정보가 직관으로 변해 나온다고 하였다. 심리학자인 칼 융도 논리나 분석을 뛰어넘어 직관을 따르면 옳은 선택을 할 수 있다고 하였다. 아인슈타인도 직관의 중요성을 강조하였다. 직관은 본능이 아니라 경험이자 관록이다. 나의 직관을 믿고 선택해야 한다.

넷째, 우선순위를 정한다.

문제의 시급성은 각자 상황에 따라 다르다. 삶의 의미, 가치, 인간관계, 경제적 안정 등 모두가 각자의 우선순위가 있다. 자신이 가장 시급하다고 생각하는 문제, 마음속에 계속 해결되지 않고 남아있는 문제를 먼저 해결해야 한다. 일상적인 선택에서는 3가지를 고려한다.

- **통제력**: 내가 통제할 수 있는 것들인가?
- **시급성**: 언제까지 처리해야 하는 일인가? 얼마나 중요한가?
- **내면의 목소리**: 진정으로 내가 하고 싶은 일인가?

다섯째, 시간을 두고 선택한다.

자동차가 우리를 향해 돌진하면 본능적으로 피한다. 본능적인 선택이다. 그러나 대부분의 선택은 어느 정도 생각할 시간이 있다. 만약 당장의 선택을 요구하는 사항이 있다면 다음과 같이 말해보자. "이 문제가 시급한 것을 저도 ○○님처럼 잘 이해하고 공감하고 있습니다. 더 좋은 선택을 내리기 위해 저에게 ○○만큼의 시간을 주시면 감사하겠습니다." 그러면 상대는 가능한 한 최대한의 시간을 양보해 줄 것이다.

여섯째, 부탁할 때 3가지만 기억하라.

나도 당신과 같은 심정이다, 이해한다.

나의 부탁을 들어줄 때 당신에게 ○○ 이득이 있다.

그리고 나는 ○○을 원한다.

인간은 모르는 것을 두려워한다. 그래서 미래가 두렵다. 선택도 마찬가지이다. 어떤 결과가 찾아올지 모르기 때문이다. 그러나 선택의 본질을 알면 두렵지 않다. 어떤 선택이든 나는 성장하고 배울 수 있는 능력이 있다. 선택의 본질은 자기 책임이다. 내가 나를 책임지고 내 삶을 책임질 수 있다는 것을 경험하는 것이다. 스스로 선택하기로 마음먹으면 환경이 바뀌고 사람이 바뀐다. 모든 순간이 선택이며, 그 선택에 따라 인생도 변한다.

8 목표

—

나의 한계를 조금씩 높여라

"계획을 잘 세우는 사람이 성공한다." SNS에 난무하는 동기부여 채널에 나오는 단골 소재이다. 계획, 목표를 설정하고 이루는 것이 얼마나 중요한지 강조하고 또 강조한다. 나도 유혹에 넘어가 링크를 타고 연말에 다이어리를 구매했다. 새로 태어난 기분이었다. 이것저것 방대한 계획과 목표를 세웠다. 날씬해지기, 돈 많이 벌기, 책 10권 읽기. 비슷한 목표가 적힌 첫 장만 지저분한 다이어리 5권이 내 책상 서랍 속에서 잠들어 있었다. 오늘 알았다.

— 2023년 9월 18일

- 목표도 노력이 필요하다

내가 왜 5권의 다이어리를 사게 되었을까 곰곰이 생각해 보았다. 이유는 많았지만 한 가지 공통점이 있었다. 내가 더 발전하고 개선되었으면 하는 것들이 있어서였다. 목표를 적을 때는 멋지게 변신한 나의 모습을 쉽게 상상한다. 마음이 충만해지는 느낌이 든다. 뭐든지 할 수 있다는 생각에 휩싸인다. 그러나 새해가 되면 무엇을 해야 할지 몰라 핑계를 대면서 미룬다. 뭐든 막연히 시작하고 그냥 열심히 하면 된다는 마음으로 한다. 결국 무엇도 달성하지 못하고 포기한다.

목표는 현실적으로 달성할 수 있는 것을 뜻한다. 자신이 지금 할 수 있는 행동 범위 내에서 달성할 수 있는 것이다. 목표에는 3가지의 핵심 요소가 있다. 첫째는 방향성, 둘째는 계획, 셋째는 행동이다. 방향성은 목표를 통해 내가 궁극적으로 이루고자 하는 가치를 포함한다. 계획은 목표 성취의 전략적인 세부 단계이다. 마지막 행동은 계획된 단계를 하나하나 실천하는 것이다. 여기서 중요한 것이 있다. 계획 단계에서 목표를 어떻게 달성할 것인가를 끝까지 스스로 파고들어야 한다.

마이클 노턴은 사람들이 자신의 노력을 얼마나 좋아하는지에 대한 실험을 진행하였다. 그는 실험자들에게 이케아 가구를 조립하여 완성하도록 했다. 이후, 노턴 박사는 가구를 얼마에 팔고 싶냐고 물어보았다. 이들은 완제품보다 평균 1.5배 비싼 금액을 불렀다. 이처럼 자신의 노력에 애착을 가지는 현상을 '이케아 효과'라고 한다.* 마케팅에서 자주 쓰이는 전략이며 계획 세우기에도 똑같이 적용할 수 있다. 자신이 끝까지 어떤 계획, 수단으로 목표를 이룰 것인지 질문하고 계획을 세우면 쉽게 포기하지 못한다. 심지어 자신에 대해 더 자세히 알 수 있는 계기도 된다.

소크라테스는 상대방의 주장에 역으로 질문을 던지는 산파식 대화법을 주로 사용했다. 자신이 스스로 깨칠 때 그 희열은 남다르다. 마찬가지로 남들의 부자 되는 방법, 다이어트 비법을 따라 한다고 해서 다 성공하진 않는다. 사람은 모두 다르다. 목표를 이룰 계획과 수단도 전부 다를 수밖에 없다. 그러니 남들에게 보여주고자 목표를 세우지 마라. 기대했던 만큼의 인정이 돌아오지 않으면 방향성 또한상실하게 된다.

* Norton, M. I., Mochon, D., & Ariely, D. (2012). The IKEA effect: When labor leads to love. Journal of consumer psychology, 22(3), 453-460.

성공한 거인들은 모두 목표가 있다. 자신만의 방향성이 있고, 목표에 대한 가치를 알고 있으며, 집중하여 계획을 실행한다. 실패했더라도 결과에 연연하는 대신 그 실패가 목표와 어떻게 연관되어 있는지 생각한다. 배우고, 성장하고 결국 쟁취한다. 목표를 설정했다고 무조건 이뤄지는 것은 아니다. 목표에 대한 간절함으로 행동해야 한다. 어떤 행동이 목표 달성을 위한 강력한 무기가 될 수 있을까? 거인들은 신념, 겸손, 자신감이라는 무기를 행동 속에 감추어 놓는다.

- **신념:** 목표로 가는 도중 만나는 장애물을 극복할 힘을 준다. 목표을 이룰 수 있다는 믿음이 핵심이다. 나의 오늘 행동과 계획이 항상 그 너머의 목표로 가는 열쇠라고 생각하고 의식한다. 신념이 있는 사람은 인내심도 있다. 힘들면 잠시 멈추기도 한다. 그러나 절대 포기하지 않고 우회로를 찾거나 돌파한다. 고통과 좌절을 회피하지 않는다. 신념이 있는 사람은 자신의 강한 내면과 정신력을 믿는다. 목표가 나의 성장과 연관이 되어있다고 믿는다.

- **겸손:** 자신의 업적이나 능력을 과대평가하지 않는다. 조용하고 묵묵히 목표를 향해 나아간다. 엄청난 부, 명예, 권력을 가지고 있어도 자신을 특별한 사람이라고 생각하지 않는다. 타인에게 자신에 대한 특별대우를 요구하지도 않는다. 인정도 바라지 않는다. 타인의 마음을 잘 이해하고, 도움이 필요하면 정중하게 요청한다. 어려움이 있을 때 자신을 도와줄 든든한 지원군이 있다. 타인에게 진정으로 존경받는다.

- **자신감:** 자신은 할 수 있다는 믿음이다. 목표로 가는 과정에서 어떤 시련이 다가와도 배우고 극복할 수 있다고 자신을 믿는다. 목표를 달성하는 것을 기대한다. 그리고 이렇게 매일 말한다. "나는 나의 목표를 완전히 성취할 수 있다고 굳게 믿는다. 내 마음속으로 그러기를 진심으로 원한다. 모든 사람은 내가 도움이 필요할 때 힘이 되어 줄 것이다." 기대는 곧 현실이 된다.

누구든 항상 자신감으로 가득 차 있지는 않다. 자신감은 변덕스럽기 때문이다. 자신감으로 가득 차 있다가 순식간에 자신감이 사라지기도 한다. 잔소리를 듣거나 비평을 받은 날에는 더더욱 그렇다. 불안해진다. 하지만 자신감 통장을 다시 채워 넣는 마법이 있다. 바로 오만이다. 다음 3가지 상황에서는 자신의 능력을 과신해라. 경쟁할 때, 불확실한 상황일 때, 잃을 것이 없을 때이다. 상대방을 무조건 이긴다고 믿어라. 상황이 불확실하다면 자기 능력을 강하게 믿어라. 이미 밑바닥을 쳤다고 생각하고 행동해라. 자신감 잔고가 먹고 살 정도까지 채워진다. 반대로 자신감이 가득 차 있는 날은 겸손해라. 오만과 겸손 그사이 균형이 중요하다.

- 목표에 빠져들면 과정이 힘들지 않다

어떻게 하면 목표에 빠져들 수 있을까? 변화에 대한 필요성과, 변화해서 내가 이루고자 하는 가치가 연관되어야 한다. 뚱뚱하면 일상이 비참하다. 무시당하고 조롱도 받는다. 이런 삶에서 탈출하고 싶다는 마음이 다이어트로 이끌었다. 다이어트를 통해 나는 '타인의 인정'이라는 가치를 연관시켰다. 지금 생각해 보면 함정이 있지만, 당시에는 자존감이 바닥을 쳤기 때문에 가장 절실했던 가치였다. 변화의 필요성만 느끼고 다이어트를 했을 때는 3번 실패했지만, 가치를 연관시키고 나서는 성공했다. 운동도 몰입해서 즐길 수 있었고, 식단도 즐거웠다. 무엇보다 마음이 뜨거웠다.

미하이 칙센트미하이는 이를 몰입으로 설명하였다. 몰입은 주변을 까맣게 잊고 어떤 일에 심취하는 것이다. 마치 그 일 속으로 내가 빨려 들어가는 듯한 느낌을 받는다. 힘이 하나도 들지 않으며, 최상의 상태가 된다. 시간이 가는 줄도 모른다. 일과 마음이 하나의 방향으로 흐른다. 미하이의 말에 의하면, 몰입은 쉽지도 어렵지도 않은 균형 잡힌 과제를 수행할 때 경험할 수 있다고 한다.* 따분하지 않고, 적당히 어려운 일이다. 그러나 내 경험상, 최고의 몰입은 나의 행동이 이루고자 하는 목표와 가치에 대한 긍정적인 감정이 있을 때 나온다.

목표를 이루는 방법은 셀 수 없이 많다. 그러나 내가 필요하다고 느끼지 않으면 방법도 소용이 없다. 오히려 잔소리가 된다. 최고의 목표를 달성하는 핵심은, 내가 '변화'의 필요성을

* Csikszentmihalyi, M., & Csikszentmihalyi, M. (2014). Toward a psychology of optimal experience. Flow and the foundations of positive psychology: The collected works of Mihaly Csikszentmihalyi, 209-226.

'느끼는 것'이다. 변화의 필요성을 느끼지 못하는 사람에게 변화를 기대하고 강요하면 변화가 어려울 수밖에 없다. 어린아이에게 제발 말 좀 들으라고 했을 때 듣는 아이가 있던가. 인간관계에서도 마찬가지다. 타인을 비난하고 질책하면 사람이 바뀌던가? 오히려 적이 되어 복수할 생각만 하고 있을 것이다. 이제 진짜 목표를 달성할 시간이다.

다음의 질문을 빈 노트에 작성해 보자. 시간은 상관없다. 조용한 곳에서, 가장 감정이 충만한 상태에서 작성한다.

- **방향성:** 나는 왜 변화가 필요한가? 나에 대해 어떤 감정이 드는가? 변화를 이룰 때 내가 얻는 가치는 무엇인가? 변화한 후의 나는 어떤 모습을 하고 있는가? 누구와 만나고 있는가? 어떤 기분인가?

  예시: 나는 _____에서 변화하기 위해 _____이 필요하다. 나는 지금 나에게 _____한 감정을 느끼고 있으며, 이를 바로잡고 싶다. 변화를 이룰 때 나는 _____을 얻을 수 있으며, 이는 나에게 가장 소중한 가치이다. 변화한 후에 나는 _____을 입고, _____을 하고 있다. _____와 어울리며 즐겁고 행복한 시간을 _____에서 보내고 있다. 나는 지금

_____ 기분을 느끼고 있다. 이번 변화를 통해 나는 무엇이 든 해낼 수 있다는 자신감을 얻었다. 인생을 바꾸었다.

- **계획:** 브레인스토밍을 활용한다. 목표를 큰 원에 넣고, 연관된 것들을 자유롭게 그려본다. 자신이 관심 있고 선호하는 수단을 발견할 수 있다. 무의식의 영역을 최대한 활용하는 것이다. 내가 좋아하는 수단으로 목표를 성취할 때 과정도 재미있고, 만족감도 크다.

  예시: 다이어트 → 운동 → 태권도, 검도, 헬스, 등산, 수영, 크로스핏 → 등산

  식단 → 샐러드 → 하루 필요 열량 → 닭가슴살, 고구마 → 다이어트 보조제 → 단백질 보충제 → 카테킨, 류신, 카르니틴.

목표의 성취도 확인은 개인마다 전부 다르게 한다. 그러나 성취도 달성 체크는 한 달에 한 번은 꼭 하도록 한다. 나는 다이어트를 할 때, 2주에 한 번 체크하였다. 매일 체크하는 것도 좋지만, 그렇게 되면 압박감이 심해진다. 몸은 충분히 변하고 있는데, 작은 단위의 수치에 그날 하루 기분이 달라지기 때문

이다. 또 보상 심리도 없애준다. 몸무게가 평소보다 많이 내려간 날은 풀어지기 마련이다.

- **행동:** 목표 수행을 하루에 얼마나 할 수 있을까? 운동을 전혀 해 보지 않은 사람에게 1시간 러닝을 시키는 것은 역효과를 낳는다. 자신이 감당할 수 있는 수준을 넘어서기 때문이다. 모든 것은 레벨이 존재한다. 이것도 스스로 결정해야 한다. 처음 목표를 계획했다면 얼마만큼 할 수 있는지 떠오르는 것을 바로 적는다. 충분히 할 수 있다는 생각이 들면 시작한다. 그리고 매일 조금씩 활동량을 올려야 한다. 나는 처음에 산 정상까지 3시간 걸렸다. 그러나 매일 조금씩 활동량을 늘리다 보니, 1시간 30분 만에 정상을 왕복할 정도가 되었다. 중요한 것은 매일 꾸준히, 조금씩 발전하는 것이다. 욕심내지 말고 매일 1%씩만 난이도를 올려보자. 그리고 항상 다음의 문장을 되새겨라. "나는 모든 면에서 매일 조금씩 나아지고 있다."

9

행복

—

눈과 손이 닿는 곳에 늘 있었다

- 나는 진짜 안녕한가?

우리는 안녕으로 하루를 시작한다. “안녕하세요?”, “네 안녕하세요!” 안녕이라는 말에는 깊은 뜻이 숨어있다. 옛사람들에게 밤은 생존의 시간이었다. 호랑이 같은 산짐승이 있었고, 인구 밀도도 높지 않았다. 밤사이 큰일이라도 나면 속수무책으로 당하기 때문이고, 낮이 되어야 도와줄 사람들이 있었다. 아침에 일어나 “안녕하세요?” 하고 인사를 건네는 이유는, 밤에 별 탈 없이 평안했냐는 의미이다. 국밥집에 들어갈 때, 애인을 만날 때, 교수님을 만날 때도 "안녕하세요."라며 안부를 묻는다. "안녕하지 않다."는 말을 듣는 경우는 드물다.

하지만 자신에게 "안녕하세요." 인사를 하면 "그렇다."는 대답을 선뜻 하지 못한다. 지금 상태가 안녕하지 못하기 때문이다. 직장에서 업무에 치인다. 금전적인 상황이 좋지 않다. 애인과 이별했다. 우울증을 경험한다. 타인의 시선을 신경 쓴다. 건강에 문제가 있다. 외로움을 느낀다. 외모가 만족스럽지 못하다. 자신감이 없다. 우리 모두 안녕하지 못한 이유가 있고, 스트레스를 받는다. 문제의 중요도에 따라 삶이 만족스러운지, 불만족스러운지 결정된다. 만족스러운 삶을 살고 있으면 안녕하다. 부정적인 감정보다 긍정적인 감정을 더 많이 느끼는 행복한 삶이다.

기쁨, 감사, 기대, 소망, 흥미, 사랑은 우리가 '좋은' 경험을 하면 생긴다. 긍정적인 감정에는 다양한 이름이 붙어 있지만, 우리는 이런 상태를 한마디로 압축해 표현한다. "행복하다." 반면 부정적인 감정은 '나쁜' 경험을 통해서 생겨난다. "운이 없다.", "기대하지 않는다.", "전혀 고맙지 않다.", "재미없다.", "밉다."는 부정적인 경험을 할 때 주로 하는 말이다. 부정적인 경험이 많으면 우리는 삶이 만족스럽지 않다고 한다. 자신의 삶을 한마디로 이렇게 표현한다. "삶이 불행하다."

나는 불행한 삶에서 탈출하고 싶어서 긍정적인 삶을 사는 법을 공부했다. 지금도 누가 긍정적으로 사는 방법을 물어보면 생각, 습관, 감정, 삶의 태도, 목표에 관해 자동으로 대답할 지경이다. 그러나 삶이 만족스러워지지 않았다. 불행했다. 행복에 대해 한참을 고민하고, 방법을 실천하고, 경험한 후에 깨닫게 된 것이 있다. 만족스러운 삶을 살고 싶으면, 한 방의 큰 행복보다 작지만 많은 긍정적인 경험을 했는지가 중요하다.

- 행복은 한 방이 아니다

불행한 삶을 살수록 자신의 삶을 뒤집어 줄 인생의 큰 한 방을 기대한다. "그 일만 잘되면…", "내가 원하는 가격까지만 간다면…", "만약에 ○○한다면…" 이런 말을 하며 인생 최대의 행복을 기대하기만 한다. 그러나 여기에는 2가지 문제점이 있다.

첫째는 노력의 가치를 인정하지 않게 된다. 적은 노력으로 큰 행복을 찾으려고 한다. 로또를 사며 기대감에 부푼다. 주식, 코인을 사놓고 수시로 확인한다. 남들이 쉽게 돈을 벌었다는 방법에 빠져든다. 조금만 행운이 따르면 관대해진다. 남에게 선심 쓴다. 그러다 조금이라도 기대에 어긋나면 화나고 우울해진다. 노력으로 행복을 거머쥔 사람은, 노력의 가치를 알기에 일희일비하지 않는다.

둘째는 큰 행복을 맛보면 더 큰 행복을 찾게 된다. 갑작스럽게 큰 행운이 찾아오게 되면 터질 듯한 기쁨을 느낀다. 이제 행복한 인생만 펼쳐질 것 같다. 그러나 예상과는 다르게, 이런 큰 행복이 불행한 삶의 원인이 된다. 알렌 파드루치 교수는 감정이 상대적이라고 했다. '범위 빈도 이론'에 의하면 한번 극단적인 감정을 경험하게 되면, 감정의 기준선이 변한다. 로또 복권 당첨이라는 행운을 맛본 사람은 쉽게 행복감을 느끼지 못한다.* 로또 복권 당첨은 곧 일상이 된다. 극단적인 행복감은 영원하지 않다는 것이다. 일상에서 행복을 느끼려면 로또 복권이 계속 당첨되어야 한다.

사람은 행복을 위해서 산다. 현대인들은 생존과 번식의 본능 위에, 행복이라는 사회적 본능을 덧씌워버렸다. 우리는 생존과 번식을 포기할 수 없다. 다만 문명이 발달할수록 행복의

* Parducci, A. (1995). Happiness, pleasure, and judgment: The contextual theory and its applications. Lawrence Erlbaum Associates, Inc.

기준선이 계속 높아진다. 본능과 행복을 같이 충족시켜야 한다. 산 정상에 오르기 위해선 한 계단씩 올라가야 한다. 노력이 필요하다. 그러다 문득 뒤돌아보면 놀란다. 어느샌가 이만큼 올라왔기 때문이다. 행복도 마찬가지이다. 한 계단씩 공들여 올라가야 한다. 산과 행복의 다른 점은 행복의 정상은 올라갈수록 높아진다는 점이다. 행복이라는 산의 정상은 지금이다. 경치를 즐겨야 한다. 그래야 다음 정상으로 가는 길이 보인다.

"익숙함에 속아 소중함을 잃지 말라."는 상투적인 말이 있다. 하지만 숨은 뜻은 값지다. 일상을 다시 한번 보라는 말이다. 일어나서 눈을 뜨면 보게 되는 풍경이 어떤가? 아침은 무엇을 먹는가? 자주 가는 커피숍은? 어느 매장에서 옷을 사나? 자주 만나는 사람은? 취미는 무엇인가? 떠오르는 장면, 생각들이 있을 것이다. 삶이 만족스럽지 않으면, '일상'을 다시 보자. 당신의 일상은 어떻게 이루어져 있는가를 살펴보라. 그 일상은 누가 만든 것인가? 누가 당신이 누리도록 발명한 것인가? 일상의 가치를 다시 알게 되면, 당신은 행복의 정상에 있음을 알게 된다. 감사함이 느껴진다. 긍정적인 마음으로 하루를 채운다. 그 하루가 당신이 행복이라는 산으로 내딛는 지금의 발걸음이다.

- 행복을 주고, 경험하고, 믿어라

리포터의 의뢰를 받아 영등포 쪽방촌에서 인터뷰했다. 쪽방촌은 노숙 생활과 고시원 생활의 중간 단계다. 처음에는 꿈도 희망도 행복도 없는 곳이라고 생각했다. 그러나 내 생각은 바뀌었다. 그곳에는 두 부류의 사람이 있었다. 현실이 너무나 힘들고 괴로워서 삶을 놔버린 사람, 혹은 삶의 이유를 다시 찾아 행복을 쟁취해 나간 사람. 행복하지 않다고 하는 사람들은 자신의 처지를 비관했다. 운명, 과거를 비난하고 집착했다. 반면 행복하다고 한 사람은 타인을 도와주며, 지금의 삶이 행복하다고 했다. 과거에 집착하지 않고, 어떻게 하면 더 행복한 삶을 살 수 있을지를 고민한다.

• 타인의 고민 해결해 주기.

사람들을 도와줄 때 자기 행복과 만족감을 높일 수 있다. 사람들은 모두 각자의 크고 작은 문제들을 가지고 산다. 이를 욕구라고 한다. 타인의 욕구나 문제를 해결해 주면, 성취감을 느낄 수 있다. 또한, 타인을 도와줌으로써 삶의 목적과 가치도 찾을 수 있다. 생산적인 삶을 살게 된다.

• 적극적으로 세상 모험하기.

유난히 외향적인 사람들이 행복해 보인다. 외향성이 높을수록 사람을 좋아하고, 사람들과 많은 시간을 보낸다. 새로운 것을 찾고, 그것을 경험하는 데 주저하지 않는다. 행복을 위해서라면 불이익도 마다하지 않는다. 어릴 적에 우리는 늘 호기심에 가득 차 있었다. 세상을 탐구하는 학자였다. 놀라고, 흥분하고, 늘 모험하였다. 지루할 시간이 없었다. 새로운 것을 경험하면 뇌는 자극을 받아 행복 호르몬인 도파민을 분비한다. 스트레스도 풀린다. 변화에 대한 거부 반응도 낮아진다. 고정관념도 점점 없어진다. 자신도 성장할 수 있다. 열린 마음으로 경험을 받아들여라.

• 나만의 기준 설정하기.

우리는 너무 높은 삶의 기준을 가지고 있다. 높은 기준은 동기부여 대신 열등감을 불러온다. 원하는 기준을 충족하지 못하면 불만족스럽다. 타인의 삶을 비교하고, 질투한다. 나만의 기준이 있어야 한다. 세상이 멸망하더라도 절대 포기 못 하는 것들을 5가지 적어보자. 영화관람, 1일 1커피, 운동, 위스키, 빵 뭐든 좋다. 5개를 표기했으면, 바로 아래에 한 단계 더 높은 기준을 적는다. 시간이 날 때 그 5가지를 모두 경험한다. 이후 5가지 기준 아래에 자신의 감정을 적어본다. 그리고 그 경험과 감정을 꾸준히 떠올려 본다. 천천히 한 가지씩 자신의 기준을 높여나간다.

• 나는 행복할 가치가 있는 사람이라고 믿기.

많은 사람이 행복을 미룬다. 지금은 행복할 때가 아니라고, 혹은 자신은 자격이 없다고 생각한다. 그러나 행복은 '지금'이어야만 한다. 그리고 행복에는 서열이 존재하지 않는다. 누구나 행복을 많이 가질 수 있다. 내가 가진 것들에서, 경험에서 찾아내면 된다. 조금 더 높은 기준을 경험하고, 꼭 그렇게 살겠노라 동기부여 받는다. 이런 삶으로 하루하루를 채울 때, 생산적인 삶을 경험한다. 지금에 만족하며, 또 미흡하고 부족한 부분을 채우려는 동기부여를 받는다. 현실에 두 발을 딛고 발전할 수 있다. 더더욱 행복한 삶을 살게 된다.

행복한 삶이 목표라는 말은 지금은 불행하다는 의미이다. 그리고 절대 행복한 삶은 목표가 될 수 없다. 자신이 원하는 행복한 삶의 기준에 자신을 비교하면 오히려 더 불행해질 뿐이다. 행복을 자신의 시야 안에 둬야 한다. 불편하게 위, 아래, 좌우로 둘러볼 필요 없다. 내 손이 닿는 곳에 늘 행복은 존재했다. 우리는 자신이 가진 것이 없어질 때 그 가치를 알아본다. 얼마나 많은 것들을 지금까지 잃어버렸을까? 일상이 되어버린 나의 사람들이 내 손에 닿는 거리에 있음에 더 소중하고 감사한 마음뿐이다. 내 일상의 이름은 행복이다.

10

방어기제

—

내 마음을 보호하는 경호원

현관문 도어락 비밀번호 소리가 들리면 심장이 빠르게 뛰고, 호흡이 제대로 되지 않았다. 그 사람이 돌아오면 방으로 뛰어가 방문을 걸어 닫는다. 거실에서 어떤 일이 벌어지나 온몸의 신경이 곤두선다. 역시 또 다투는 소리가 들린다. 두 분의 일이라며 화를 참는다. 참다못해 가슴이 답답해지기 시작한다. 호흡이 거칠어지고 목덜미가 긴장된다. 그러다 힘이 빠지고 주저앉는다. 무력감이 내 몸을 지배한다. 예민해지고, 부정적이 되고, 무기력해지고, 감정이 화산처럼 한 번에 폭발한다. 방어기제를 알지 못해 정신적으로 무너졌다.

- 방어기제를 알아야 멘탈이 잡힌다

방어기제는 1899년 프로이트가 창시했다. 프로이트는 방어기제를 고통에서 자신을 보호하고, 심리적인 균형을 되찾으려 하는 무의식적인 행동으로 보았다.* 방어기제는 균형을 위협하는 요소들에 무의식적으로 대응하도록 만든다. 사실을 다르게 해석하거나, 왜곡하여 감당 불가능한 현실의 고통을 처리하여 균형을 되찾으려고 한다. 방어기제는 좋은 방향으로 자신을 평가하고, 신뢰감을 유지하는 긍정적인 역할도 한다. 비난을 껄껄 웃으며 받아넘기기도 한다. 문제는 부정적인 방어기제이다. 고통을 받거나 불안함을 느끼면 자아의 균형은 깨지고 부정적인 방어기제가 나온다.

- 사랑하는 사람에게 차였다는 사실 자체를 거부하고 현실을 받아들이지 않는다.
- 자신이 먼저 타인에게 분노를 표출했는데, 타인이 먼저 표출했다고 생각한다.

* Freud, S. (2014). The neuro-psychoses of defence. Read Books Ltd.

- 부모님, 애인, 친구 등에게 물리적, 심리적으로 의존하고 집착한다.
- 취직 걱정을 하는 부모님의 말씀에 발끈하고 방문을 세게 닫는다.
- 자신의 실패를 친구, 지인, 환경 탓으로 돌린다.

방어기제를 해결하지 않으면 사소한 자극에도 극도로 예민해지게 된다. 인간관계가 틀어지기도 한다. 우울증, 무력감, 분노, 스트레스가 해소되지 않는다. 좋은 마음으로 도움을 주는 사람에게 쌍욕을 하는 사람을 누구도 좋아하지 않는다. 해결하기 위해서 무의식을 의식의 영역으로 끌어올려 관리하는 것이 중요하다. 무의식을 이해하기 위해서 의식의 힘을 활용해야 한다.

멘탈 관리는 개인의 감정, 정서, 정신 상태를 안정적으로 유지하는 의식적인 방법이다. 그리고 강한 정신력을 가진 사람은 의식적으로 방어기제를 다루는 전문가이다. 멘탈 관리가 잘되어 있는 전문가들은 타인의 모욕적인 말에 쉽게 욱하지 않는다. 우선 순위에 따라 묵묵히 자신의 일을 하며 삶을 통제한다.

- 진짜 화가 났던 것은 나 자신이다

직장인 L은 친했던 입사 동기와 다퉜다. 평소에는 자신과 쉬는 시간마다 같이 수다를 떨었는데 언제부턴가 동기가 자신을 피한다고 생각했다. 늘 자신에게 먼저 말을 걸었지만 더 이상 말을 건네지도 않는다고 했다. 그리고 자신이 용기를 내어 먼저 말을 걸었지만, 동기는 회사 일도 힘든데, 인간관계 때문에 힘들어지고 싶지 않다며 대화를 거절했다. 거절에 화가 난 L은 자신도 모르게 입에 담지도 못할 폭언을 친구에게 했다. L은 이 사실을 후회하면서, 자신이 왜 그랬는지 모르겠다며 하소연했다.

이야기를 듣던 중에, L이 입사 동기를 자기 직장 상사와 비교하고 있다는 것을 알게 되었다. 직장 상사는 업무 외적인 사항을 L에게 수시로 부탁하였다. 문서 전달, 커피, 편의점 심부름, 회식 장소 찾기 등 사적인 부탁에 L은 상사에 대한 화를 품고 있었다. 직장 동기도 자신에게 직장 상사처럼 몇 번인가 부탁했다고 했다. 그러면서 자신은 동기의 부탁을 좋은 마음으로 전부 들어줬는데, 오히려 자신에게 화를 내고 있나고 했다. 그러나 입사 동기의 말은 달랐다. 자신이 부탁한 것은 정말 필요한 두 번뿐이며, 그때 L이 자신에게 툴툴대며 비아냥거렸다고 했다.

L은 직장 상사에 대한 화를 제대로 풀지 못하고 있었다. 스트레스를 받았던 직장 상사의 부탁을 입사 동기가 하자, 자신도 모르게 방어기제가 튀어나온 것이었다. L에게 이 사실을 알려주자 놀라면서 그 말이 맞는 것 같다고 했다. 직장 상사의 부탁을 거절하면 불이익을 받을까 봐 두려워 참았다고 했다. 그러나 자신과 동등한 위치에 있던 동기가 부탁하자 참아왔던 화가 동기에게 폭발했다.

L은 3가지의 고통을 겪고 있었다. 첫째는 스트레스이다. 사적인 부탁으로 스트레스를 유발하는 직장 상사에 대한 대처를 제대로 하지 못했다. 둘째는 자존감의 상처이다. 자신은 이 상황을 해결할 수 없다는 무력감을 느끼고 있었다. 이 싫은 상황에서 탈출하지 못하는 자신이 무능력하다고 생각하고 있었다. 셋째는 부정적인 인간관계이다. L은 남편에게 민감하게 굴고, 사소한 부탁에도 화를 낸 적이 있다고 했다.

- 아는 만큼 보인다

프로이트는 심리 활동을 3가지 영역으로 구분했다.* '무의식'은 자신이 인식하지 못하게 억압된 영역이다. 예를 들면 어린 시절에 받은 충격적인 경험이 트라우마로 남아 있는 것이다. 욕망, 생각, 경험이 숨어있다. '전의식'은 자신이 느끼고자 집중할 때 느껴지는 영역이다. 제일 좋았던 여행지를 물어보면 평소에는 생각하고 있지 않지만 쉽게 떠올린다. 마지막으로 '의식'은 지금 느끼고, 생각하고, 보는 현재를 인식하는 영역이다. 행동의 이유를 잘 모르겠다면 방어기제의 유형을 알아야 한다. 알면 이해가 가고, 해결책도 보인다.

- **투사:** 자신이 받아들이기 힘든 것들을 상대방에게 옮기는 행동이다. 자신이 화가 났음에도 상대방이 화를 냈다고 한다.

- **수동 공격성:** 자신의 부정적인 감정을 직접적으로 드러내

* Freud, S. (1989). The ego and the id (1923). TACD Journal, 17(1), 5-22.

지 않고 간접적으로 표현한다. 의도적으로 그룹 프로젝트에 참여하지 않는다. 업무의 처리를 지연시킨다. 일부러 프로젝트를 실패시키기도 한다. 자기 자신을 비하하고 자책한다.

- **분열:** 배우처럼 감정, 행동 그리고 정체성을 특정 상황에서 분리한다. 자신이 아닌, 다른 사람이 감정과 고통을 느끼고 있다고 생각한다. 특정 상황에서 사람이 돌변한다. 감정적인 변덕이 심하다.

- **행동화:** 이성을 잃고 벌컥 화를 내거나, 충동적으로 행동한다. 행동으로 감정을 직접 표현한다. 주위 사람들에게 자신의 감정을 떠넘기려고 한다. 스트레스를 조금만 받으면 분노를 조절하지 못하고 폭력적으로 변한다. 공격적인 말을 타인에게 한다. 자신의 감정을 제대로 파악하지 못하게 된다.

- **환상:** 현실이 너무 감당하기 고통스럽고 괴로울 때 환상을 만든다. 인간관계가 고통스러워 가상의 인물에게 빠진다.

자신의 현실은 환상 속에 있다고 믿는다. 현실을 회피한다. 반대로 자신에게 과하게 도취된다. 나르시시즘에 빠지기도 한다. 자신의 업적과 성공을 부풀린다.

- **합리화:** 고통을 회피하고 자신에 대한 긍정적인 평가를 유지하는 행동이다. 일, 행동의 원인을 외부로 돌린다. 카드값이 감당 안 되지만, 자신을 위한 것이라며 명품을 산다. 담배를 피워도 건강한 사람이 있다며 담배 피우는 습관을 합리화한다. 열량이 높은 음식을 먹을 때 자신은 열심히 운동해서 괜찮다며 합리화한다. 성공하려면 남들처럼 어떤 방법을 써도 괜찮다고 생각한다.

- **억압과 억제:** 억압은 자신의 욕망, 생각 충돌이 표출되지 않도록 누른다. 무의식의 영역으로 날려 보낸다. 잊으려고 하지만 잊히지 않는다. 심리 장애의 원인으로 변질된다. 억제는 의식적으로 감정, 욕망 생각을 억누른다. 협상 상대방의 태도에 화가 나지만 좋은 결과를 위해 화를 억누른다.

방어기제를 쓰면 잠깐은 문제가 해결된 것처럼 느껴진다. 그러나 문제는 해결되지 않고 오히려 더 심각해진다. 어린 시절에 받은 상처가 깊어서, 상처받지 않으려고 다가오는 사람을 밀어낸다. 부모에게 학대받고 버림받은 경험이 있어서 타인에게 버림받지 않으려고 헌신한다. 특정한 일에 멘탈이 깨지도록 두면 안 된다. 내면에 깊게 박힌 가시를 뽑아 멘탈의 균형을 되찾아야 한다.

- 방어기제를 다루는 방법

심리학자인 칼 로저스는 심리 문제의 원인을 두 자아의 충동으로 보았다. 하나는 현실 나의 모습이다. 다른 하나는 자신이 바라는 이상적인 나의 모습이다.* 가족에 의해, 사회에 의해, 혹은 다른 요인들에 의해 현실과 이상의 거리가 멀게 되면 정신적 문제가 생긴다고 하였다. 프로이트도 무의식에 억압된 욕망, 생각, 경험들이 풀려나지 않아서 정신 문제가 생긴다고

* Rogers, C. (2012). Client Centered Therapy (New Ed). Hachette UK.

보았다. 로저스는 모든 사람은 자신의 결점을 채우고 발전할 수 있는 능력이 있다고 했다. 프로이트는 무의식을 해방하면 심리 장애를 해결할 수 있다고 했다.

• 자기 수용 연습하기.

자신의 감정과 행동을 비난하거나 평가하지 않고 그대로 수용한다. '나는 지금 화를 내고 있구나. 나는 지금 상대방에게 이런저런 말을 했구나.'

• 현재를 인식하기.

자기 수용 연습을 하면 심리적인 균형이 돌아오는 속도가 점점 빨라진다. 심리적인 균형이 잡혀야 사고가 가능하다. 마음이 차분해졌다면, 자신이 지금 어떤 방어기제를 사용하고 있는지 파악한다. 그리고 방어기제를 사용하는 이유를 자신에게 질문한다. '나는 지금 ○○방어기제를 사용하고 있어, 내가 이런 방어기제를 사용하는 이유는 뭘까?'

• 연결고리 찾기.

행동의 원인을 찾기 시작하면 갑자기 떠오르는 경험, 사건들이 있다. 이 경험에서 나는 어떤 감정을 느꼈는가? 수치심, 죄책감, 분노, 우울, 모든 감정을 떠올려 본다. 그리고 다 그럴 수도 있었고, 최선이었다며 자신을 이해하고 수용한다. 그다음 자기 행동에 대해 질문해 본다. 감정과 행동, 경험과 행동을 연결해 본다. 그리고 현재 방어기제가 어떻게 연관이 되었는지 연결고리를 찾는다.

• 대처하기.

연결고리를 찾으면, 문제가 되는 행동을 어떻게 바꿀지 생각해 본다. '내가 발표할 때 친구가 놀린 것이 나에게 수치심을 줬어. 그 이후로 나는 발표를 피하려고 했고, 지금도 발표만 있으면 스트레스를 받아. 그때 수치심을 느끼고 나는 바로 자리에 앉아 버렸었지. 하지만 생각해 보면 나에게는 발표를 끝까지 해낼 의지가 마음에 있었어. 그래, 맞아! 발표를 당당하게 해내고 박수를 받을 수도 있었어. 왜 그 사실을 잊고 용기를 못 냈을까! 얼마나 기분이 좋고 성취감이 들었을까! 이번에 발표할 기회가 온다면, 두렵지만 도전해 봐야겠어.'

• 의식적으로 생각하기.

특정 상황에서 튀어나오는 방어기제 대신, 긍정적인 행동 방식을 대입시킨다. 의식적으로 상황과 방식을 연결한다. 대부분 방어기제의 원인을 알면 스스로가 고치려고 하게 된다. 자기 수용을 통해 현실을 인정하고, 감정을 인정하며, 나의 행동을 긍정하게 된다. 그러나 종종 깊은 죄책감에 시달리는 경우가 있다. 이럴 때 단 두 가지만 생각하면 된다. '내가 통제할 수 있는 일인가?', '나 말고 다른 사람이 할 수 있는 일은 아니었는가?'

11

완벽주의

완벽주의자들은 자존감이 낮고
칭찬을 내리 깎고 자기를 질책한다

"모든 일에 최선을 다해라.", "실수하는 사람은 바보다.", "너는 부족하다.", "다른 사람의 기대를 저버리지 마라." 우리에게 익숙한 이 말들은 우리를 완벽주의자로 살도록 강요했다. 최선을 다하기 위해 높은 기준을 세운다. 실수는 실패를 불러오기에 피한다. 결점이 많기에 완벽해지기 위해 부족한 점에 집중한다. 타인의 기대를 충족시키기 위해 타인의 말과 시선을 신경 쓴다. 우리는 타인을 배려하고, 실수하지 않도록 교육받았다. 나쁜 인상을 심어주면 안 된다고 교육받는다. 늘 완벽한 모습으로, 남들이 부러워하는 완벽한 삶을 사는 것이 최고라고 믿어 왔다.

- 완벽주의는 완벽하게 행복하지 않다

정신의학 박사인 홀랜더는 "완벽주의는 상황에서 요구되는 것보다 높은 기준을 자신과 타인에게 강요하는 것."* 이라고 하였다. 연인을 실망하게 하지 않기 위해 철두철미하게 데이트 코스를 짠다. 전날 예행연습도 한다. 사소한 실수에 자기 능력이 부족하다며 자책한다. 자기 컨디션을 신경 쓰지 않고 완벽한 프레젠테이션을 위해 밤을 새운다. A+를 받지 못하면 실패한 것으로 생각한다. 배우자에게 완벽한 모습을 요구하고 강요한다. 완벽하지 않은 자신과 타인을 보며 불안함을 느끼고, 비판하고, 과도한 노력을 하지만 삶이 행복하지 않다.

완벽주의자들의 삶이 행복하지 않은 이유는 다음과 같다.

* Hollender, M. H. (1965). Perfectionism. Comprehensive psychiatry, 6(2), 94-103. Burns, D. D. (1980). The perfectionist's script for self-defeat. Psychology today, 14(6), 34-52.

• 자신만의 시간이 부족하다.

모든 일을 완벽하게 하려고 한다. 단 하나의 사소한 일이라도 지극정성이다. 타인의 부탁을 쉽게 거절하지 못한다. 실망하게 하지 않으려고 최선을 다한다. 모든 일에 내가 아니면 안 된다는 생각을 하고 있다. 모든 사람을 만족시키기 위해 노력한다. 좋은 이미지를 쌓으려고 노력한다. 늘 바쁘다.

• 삶이 단조롭다.

실패를 용납하지 않는다. 실패는 곧 자기 능력이 부족한 것을 입증하는 것이기 때문에 타인의 말에 줏대 없이 휘둘린다. 새로운 모험, 도전을 꺼린다. 확실한 정보를 원하고 완벽한 준비가 될 때까지 미룬다. 쉽게 포기한다. 자신만의 울타리 안에서 완벽을 꿈꾼다. 안정적이며 완벽한 삶을 꿈꾼다. 끝내 모험하지 않는다.

• 만족에 대한 기준이 높다.

비현실적인 높은 기준을 가지고 있다. 적당함이란 개념을 모른다. '모 아니면 도'의 성향으로 완벽하게 하지 않으면 하지 않는 것만도 못하다고 생각한다. 일상에서 소소한 행복을 찾지 못한다. 큰 프로젝트나 성과를 달성할 때 잠깐의 만족감과 행복감을 느낀다. 남들에게 보이는 것들, 차, 집, 명품 등에 큰 가치를 부여한다.

• 스트레스를 받는다.

항상 부족한 것을 채우려고 하므로, 늘 결핍감을 느낀다. 충족되지 않은 느낌이 든다. 생산적인 일을 하지 않으면 안정되지 않는다. 편하게 쉬지 못한다. 완벽이라는 문제가 해결되지 않았기 때문에 불안하고 두렵다.

완벽주의자들만큼 타인을 배려하는 사람은 없다. 모든 일들, 모든 사람들이 잘되기를 바란다. 순수한 마음을 가지고 있다. 항상 바쁘고, 어떤 부탁을 들어주더라도 부족하고 미안함이 든다. 그러나 이들은 늘 압박감 속에 살고 있다. 항상 손해를 보기도 하고, 타인에게 이용당하기도 한다. 이유 없는 화가 나기도 한다. 자신이 피해를 보고 있다는 생각이 든다. 무기력해진다. 자기 비난이 습관이 되어 있다. 부정적인 생각이 수시로 든다.

- 부정적인 완벽주의, 긍정적인 완벽주의

학자들은 완벽주의자들에 대한 구분이 중요하다고 하였다. 홀랜더와 번즈는 적응형 완벽주의와 비적응형 완벽주의를 구분했다.* 적응형 완벽주의는 높은 기준을 설정하지만, 이에 자신을 맞춰 나간다. 실패를 두려워하지 않는다. 과정과 노력을 중요시한다. 작은 성취에도 큰 만족감을 얻는다. 자기비판을 하지 않고, 좌절하지 않는다. 비적응형 완벽주의는 높은 기준이 있지만 이에 적응하지 못한다. 심리학 박사인 테리 쇼트는 이들이 자기를 비판하고, 실패를 두려워하고, 결과를 중요시한다고 했다. 비적응형 완벽주의는 불안, 스트레스, 부정적인 감정을 경험한다.

완벽주의 연구의 선구자인 폴 휴이트 교수는 비적응형 완벽주의자들은 자존감이 낮고, 자신의 결정을 믿지 못하고, 미루는 습관이 있으며, 만성적인 실패감을 경험한다고 하였다. 그는 완벽주의자를 3가지로 분류했다.**

* Burns, D. D. (1980). The perfectionist's script for self-defeat. Psychology today, 14(6), 34-52.

** Hewitt, P. L., & Flett, G. L. (1991). Perfectionism in the self and social contexts: conceptualization, assessment, and association with psychopathology. Journal of personality and social psychology, 60(3), 456.

- **자기 지향적인 완벽주의:** 자신에 대한 완벽한 기준, 빈틈없는 계획을 세운다. 자신을 통제하려고 한다. 자신에게 너그럽지 못하며, 자신의 행동을 엄격하게 평가한다. A는 하루를 24시간, 60분으로 나누고 계획을 세운다. 계획대로 사는 것이 완벽한 자신을 만든다고 생각한다. 그러나 그는 종종 예기치 못한 일로 계획을 제대로 지키지 못할 때가 많다. 자신의 하루가 실패했다고 생각한다. 계획을 지키지 못한 자기 자신을 한심하다고 비난한다. 내일은 꼭 더 철저하게 계획을 지킨다는 마음을 먹는다. 그러나 늘 생각대로 되지 않으며 공허한 마음을 경험한다.

- **타인 지향적 완벽주의:** 자신이 높은 기준을 설정한 만큼, 타인에게도 완벽하고 높은 기준을 요구하고 기대한다. 사람의 우열을 가리며, 종종 우월주의에 빠진다. B는 프로젝트 리더다. 그는 프로젝트를 완벽하게 만들기 위해 많은 시간을 쏟는다. B는 자신처럼 다른 사람들도 많은 시간을 쏟고 완벽하게 프로젝트에 참여해야 한다고 생각한다. B는 그룹원들의 실수를 프로젝트의 실패로 생각하고 비난한다. 자신의 기준에 맞지 않은 그룹원을 배척하고 무시

한다.

- **사회 지향적 완벽주의**: 타인도 자신에게 완벽한 기준을 기대한다고 생각한다. 내가 완벽한 기준을 충족하지 못하면 타인에게 벌을 받을 것으로 생각한다. C는 친구들에게 자신의 완벽한 모습만 보여주려고 한다. 완벽하지 않은 자신을 보면 친구들이 비난하고, 떠나갈 것으로 생각한다. C는 자신의 진짜 모습을 알게 되는 것이 두려워 이를 숨기려고 한다. 늘 친구들이 진짜 자기 모습을 알게 될까 봐 두렵다.

심리학과 의사 피터 J 빌링과 그의 연구진들도 연구를 통해 비적응형 완벽주의가 정신건강에 미치는 영향에 관해 설명했다.* 실험 결과에 따르면, 비적응형 완벽주의자는 불안, 우울증, 섭식 장애, 강박의 증상이 있는 것으로 밝혀졌다. 또한 이들은 걱정과 두려움이 많고 완벽함에 집착한 나머지 모든 일

* Bieling, P. J., Israeli, A. L., & Antony, M. M. (2004). Is perfectionism good, bad, or both? Examining models of the perfectionism construct. Personality and individual differences, 36(6), 1373-1385.

을 완벽한 준비가 되어야만 시작할 수 있다고 믿는다. 그러나 사실 완벽한 준비란 존재하지 않는다. 두려워도 첫걸음을 내딛는 것이 중요하다. 불완전한 시작이 완벽한 결과물을 만들어 낸다.

- 불완전함이 완벽함을 만든다

자신의 기준이 높지만, 순조롭게 일이 진행되고, 동기부여를 받는다면 문제가 없다. 적응형 완벽주의자들은 시작이 부족한 것을 문제 삼지 않는다. 준비가 완벽하게 되어 있지 않다고 해서 자신을 실패자라고 생각하지 않는다. 이들은 자신이 시작할 수 있는 현실적인 기준을 발판으로 삼아 높은 기준으로 나아간다. 문제를 맞닥뜨리고 실패를 경험하고 보완하면서 긍정적인 성취감을 얻는다. 포기하지 않는 끈기로 높은 기준마저 달성한다. 시작과 끝, 과정과 결과에서 모두 성취감과 행복감을 경험한다. 삶의 만족도가 높다. 적응형 완벽주의자와 비적응형 완벽주의자, 무엇을 선택해야 할지 답은 정해져 있다.

1) 현실적인 기준을 설정하고 행동하기.

적응형 완벽주의자들은 현실적인 목표가 있다. 이는 달성할 수 있는 목표를 의미한다. 3가지를 고려하여 목표를 세우고 행동하자.

- 내가 하고자 하는 것에 대해 나는 얼마만큼의 경험과 지식을 가지고 있는가. 이를 종합할 때 어떤 목표가 달성할 수 있는 기준이 될 것인가?
- 나의 목표를 어떻게 하면 구체적으로 설정할 수 있을까? 목표에 도달하기 위해 달성해야 할 과업들은 무엇일까? 실패에 대한 기준은 무엇인가?
- 목표로 가는 과정이 너무 쉽거나 어렵지는 않은가? 동기부여가 잘되는 조금 어려운 과정은 무엇인가?

예를 들면 다음과 같다. 1년 안에 매출 1억 원을 달성한다. 유튜브, 인스타그램 마케팅으로 고객층의 유입을 늘린다. 1주일에 3회 이상 운동을 한다. 매일 30분씩 독서를 한다. 1주일에 1권의 책을 읽는다. 한 달에 2kg을 감량한다. 1주일에 0.5~1kg을 감량한다. 하루에 2번 식단을 지킨다. 건강을 위해

채소와 고기를 섞어 먹는다.

이처럼 현실적인 기준은 구체적이고, 달성할 수 있어야 하고, 도전적이며, 유연함을 갖추고 있다. 가령 매출 100억 원을 달성한다, 회사를 설립한다, 성공한다, 좋은 아버지가 된다, 매일 운동을 2시간 한다, 살을 1주일에 4kg 뺀다와 같은 것들은 현실적인 기준이 되지 않는다. 특히 '매일'이라는 함정을 조심해야 한다. 꾸준함은 매일 하는 것이 아니라, 포기하지 않는 것이다.

2) 실패 대신 배움과 경험을 선택하기.

아인슈타인, 헨리 포드, 에디슨, 벤저민 프랭클린, 아리스토텔레스, 윈스턴 처칠, 칼 융. 이들은 모두 실패를 성공으로 가는 과정, 경험, 기회로 보았다는 특징이 있다. 도전이 두려운 가장 큰 이유는 실패 때문이다. 성공만을 중시하는 경향도 있다. 그러나 실패가 없다면 교훈도 얻을 수 없다. 배움이 없는 것이다. 새로운 도전은 감히 두려움에 도전하고자 하는 의지를 표명하는 것이다. 최선을 다하겠다는 것은 성공할 때까지 노력하겠다는 뜻이다. 그 이면에는 실패를 감당하며, 타인의 시선도 감내하겠다는 것이다. 단단하게 멘탈을 세팅하고 앞으로 나아가야 한다.

- 실패는 경험이며 성공을 위한 초석이다.
- 실패가 나에게 알려주는 교훈은 무엇인가?
- 실패는 타인이 정한 기준이다.
- 실패는 누구나 경험하는 것이다.
- 실패했다고 해서 나의 가치가 떨어지지 않는다.

사업, 다이어트, 연애, 학업, 결혼, 축구 우승, 전교 1등. 세상에 너무 많은 실패의 기회들이 존재한다. 사업에 실패한 사람이, 다이어트 연애 학업 등 모든 분야에서 실패할 확률은 얼마나 될까. 실패는 특정 시도가 만족스럽지 못한 결과를 낸 것뿐이다. 실패했다고 해서 인생이 실패한 것은 아니다. 마찬가지로 실패는 자신이 인정하기 전까지 존재하지 않는다. 오히려 부족한 점을 개선할 좋은 기회로 생각해야 한다. 생각이 너무 많아지면 불안 연구의 대가인 하임버그 박사의 명언을 떠올려 보면 된다. "그냥 무조건 해라."

3) 한계 수용하기.

토마스 로데바우 교수는 완벽주의자들은 타인이 자신에 대한 높은 기준치와 기대감을 가지고 있다고 믿는다고 했다. 이를 충족하지 못하면 불안을 경험한다.* "그동안 많은 연습을 했는데, 피아노 콩쿠르에서 실수를 해버렸어. 기대를 저버렸어.", "행사에 많은 시간과 노력을 들였는데, 그런 변수가 있을 줄이야. 못해서 무력감이 느껴져." 꼭 기억해야 한다. 아무리 많은 연습을 하고, 기대하고, 준비하더라도, 인생은 불확실하며, 어떤 상황이 벌어질지 모르는 것이다. 한계는 인생이라는 변수이다. 그러나 한계를 인정하는 사람은 다음에 더 좋은 결과를 만들어 낸다.

4) 나의 노력을 칭찬하기.

나는 118kg에서 48kg을 감량했다. 6개월이 걸렸다. 주위 사람들은 대단하다며 칭찬했지만, 나는 내가 아직 부족하다는 생각을 멈추지 않았다. 다이어트에 집착하기 시작했다. 조금

* Levinson, C. A., Rodebaugh, T. L., Shumaker, E. A., Menatti, A. R., Weeks, J. W., White, E. K., ... & Liebowitz, M. R. (2015). Perception matters for clinical perfectionism and social anxiety. Journal of anxiety disorders, 29, 61-71.

만 기름진 음식을 먹으면 억지로 토했다. 그러다가 입이 터지면 과식했고, 토하기를 반복했다. 식습관도 망가졌고 위장도 망가졌다. 조금이라도 살이 찌면 굶고 다이어트를 했다. 몸도 망가지기 시작했다. 그렇게 72~84kg을 약 10년 동안 오르락내리락하며 살았다. 도저히 이렇게 살 수 없다는 생각에 멘탈, 심리, 자존감, 자기개발 책을 미치도록 읽었다.

처음에는 뭔가 대단한 것을 배웠다는 생각에 들떠서 이러쿵저러쿵 조언하고 다녔다. SNS에도 자주 글을 올렸다. 그러다 책을 더 읽었고, 2회 독, 3회 독, 4회 독을 하면서부터 입이 무거워지기 시작했다. 책들의 내용이 정리되기 시작하면서, 내 삶이 이해되기 시작했다. 자기 비난에만 빠졌기 때문에 결과에 집착했었다. 이유를 알게 되자 나의 노력을 인정하고 칭찬하며 하루를 마무리하는 습관이 생겼다. 먹고 토하는 습관도 없어졌다. 보디프로필도 성공적으로 찍을 수 있었다. 자신의 노력을 인정해야, 매일 작은 성공이 보인다. 그런 경험이 자존감의 기반이 된다.

완벽한 모습에 집착하는 것은 나는 사랑받을 자격이 없다는 생각에서 나온다. 하지만 완벽한 사람은 존재하지 않는다. 우리의 한계를 인정하고, 자신을 있는 그대로 사랑하는 것이 중요하다. 자기를 사랑하라고 당부하고 싶다. 진정으로 완전한 사람은 자기를 사랑할 줄 아는 사람이다. 자신을 허락하고, 용서하는 것이다. 자신의 강점과 약점을 알고, 품을 줄 알아야 한다. 이는 우리가 불완전하다는 것을 이해한다는 것이고, 자신을 긍정적으로 대하는 것이다. 나를 소중하게 생각하는 것을 의미한다.

"자신을 사랑하는 것이 진정한 완벽주의이다."

12
불확실함

인생과 세상에 확실한 것은 없음을 알고 나아가야 한다

- 걱정과 불안은 불확실함에서 온다

뉴캐슬 대학교의 행동 및 심리학 박사인 마크 프린스턴은 사람들이 걱정하는 이유에 대해 궁금했다. 그는 실험을 통해 사람들이 걱정하는 이유를 다음과 같이 밝혀냈다.* 1. 미래에 생길 부정적인 일을 막으려고, 2. 걱정함으로써 부정적인 일에

* Freeston, M., & Komes, J. (2023). Revisiting uncertainty as a felt sense of unsafety: The somatic error theory of intolerance of uncertainty. Journal of Behavior Therapy and Experimental Psychiatry, 79, 101827.

영향을 덜 받으려고, 3. 해결할 수 있는 방법을 찾으려고, 4. 상황을 통제하고 있다는 느낌을 받으려고. 그렇게 끝없이 불확실함에 대해 걱정하고 또 걱정한다. 그러나 상황은 더 나아지기는커녕 나빠진다. 무엇도 해결하거나 통제하지 못한다.

사람들은 알지 못하는 것을 알기 위해 걱정하고 노력한다. 100퍼센트 옳은 답을 찾으려고 한다. 조금이라도 심적인 위험부담을 줄여보려고 한다. 안전에 대한 확신이 필요하다. 자신의 내면은 강하지 않기에 불확실함에 발을 내딛는 결과는 상처와 불안한 미래뿐이라고 믿는다. 우리는 '확실함'에 사로잡혀 있는 것이 분명하다.

크루 글란스키는 불확실함을 피하고 싶은 사람의 성향을 "인지적 종결 욕구"라고 말했다. 불확실한 것을 확실하게 알고 해결함으로써 불안과 애매함이 주는 부정적인 정서를 빠르게 해결하고 싶어 하는 것이다.[**] 우리는 불확실함을 끝내고 싶어 빠른 결정을 내린다. 자신의 신념과 맞는 정보가 아니면 빠르게 무시한다. 미래의 갈등과 불확실함을 줄이기 위해 의견을 수용, 타협하거나 흘려듣는다.

** Kruglanski, A. W. (2013). The psychology of closed mindedness. Psychology Press.

매몰 비용의 오류라는 개념이 있다. 자신이 투자한 시간, 돈, 노력이 아까워서 잘못된 것을 알면서도 계속 공을 들이는 것이다. 이때 더욱 매몰 비용의 오류를 가속하는 것이 인지적 종결 욕구다. 사기꾼에게 속은 것을 은연중 알면서도, 그 사람의 경험, 업적, 직업, 겉모습을 믿는다. 원금 보장, 성공 보장이라는 말에 쉽게 속아 넘어간다. 자신이 실패한다는 확정적인 미래를 보고 싶어 하지 않는다. 사기꾼이라는 정보가 있더라도 이를 무시하고 쳐낸다. 합리화의 결과는 또 다른 매몰 비용이 될 뿐이다.

우리는 자기 이해의 영역 안에서 움직이고 생각한다. 그러나 종종 행동하지 못한 채 불안해한다. '알고 있었는데….'라면서 후회한다. 몸이 얼어붙는 이유는 아직 내가 나에 대한 확신이 없기 때문이다. 자신의 선택을 존중하고, 어떤 결과가 일어나든 나의 책임임을 받아들이는 자세가 부족한 것이다. 자존감의 대가 너새니얼 브랜든의 말처럼 "바로 불안은 여기서 시작되는 것이다." 자신을 알고자 하는 경험이 없기 때문에, 지식이 많더라도 불안을 경험한다.

- 인생과 세상에 정답은 존재하지 않는다

인생과 세상에 정답은 존재하지 않는 것을 알아야 한다. 이는 현대인이 직면한 가장 어려운 도전이다. 정보의 홍수 속에서 우리는 어떤 정보가 더 맞는 정보인지 모른 채 결정을 내려야 한다. 수만 종의 오르락내리락하는 주식 앞에서, 직업을 탐구할 때도, 자신의 가치를 알고자 할 때도 애매한 느낌으로 불확실함 속에서 헤엄친다. 그러나 인생과 세상에서 정답을 추구하는 사람은 평생을 불안에 떨면서 살아야 한다.

정답은 주류를 따르는 것을 의미한다. 무리에 휩쓸려 가는 것은 안도감을 준다. 그러나 이런 삶은 절대로 행복하지 않다. 정답을 알기 위해서 타인의 의견과 판단에 의존하게 된다. 타인의 평가와 기준에 자신의 삶을 맡기게 된다. 불확실함에서 자신의 선택과 판단에 따라 움직이는 경험이 적어지게 된다. 양 떼 속 한 마리의 양처럼 대세를 따라가는 삶을 산다.

세상이 변화하는 속도는 너무 빠르다. 아무리 순응하고 싶어도 변화에 적응한다는 것은 쉽지 않다. 정확하며 빠른 판단과, 불확실함에서 살아남을 수 있는 강한 정신력을 요구하는 시대가 왔다. 기업도 빠르게 구조를 변화시키고 있다. 피라미

드식 구조에서 소수의 인원으로 팀을 구성하고 프로젝트를 진행한다. 혁신, 창조, 자기 주도성을 요구한다. 개인은 이에 따라 어떠한 변화에도 흔들리지 않는 퍼포먼스를 내야 한다. 단단한 멘탈이 요구된다. 생존을 위해서도 자기를 믿고, 자신을 존중하는 자존감이 중요해졌다.

살아남는 것이 중요한 시대가 되었다. 급변하는 세계 속에서 생존은 제일 중요한 항목이 되었다. 노력에 비해 크게 성공할 수도, 노력해도 실패할 수도 있는 시대이다. 꾸준함도 중요하지만 현재와 미래의 흐름도 읽어내야 한다.

- 육체적 노동력보다 지식과 기술 정보를 가진 개인들의 가치가 높아지고 있다.
- 새로운 기회와 도전을 할 수 있는 시장이 확장되고 있다.
- 국경 없는 경제사회 시대가 도래함에 따라 개인과 기업 모두 세계적 경쟁력을 갖춰야 한다.
- 전문가의 시대에서 자신감과 도전 정신을 가진 융합형 인재가 중요해졌다.
- 기술의 혁신과 발전이 빨라짐에 따라 새로운 분야에 대한 도전을 두려워하지 말아야 한다.

누구도 나의 생존을 보장하지 못하는 사회가 되었다. 빠르게 변화하는 불확실한 세상 속에서 결국 믿을 것은 나 자신뿐이다. 너새니얼 브랜든의 말처럼, 자존감이 그 어느 때보다 요구되는 세상이 왔다.

- 삶을 바꾸려면 행동하고 모험하라

우리가 실제로 걱정하는 일이 벌어질 확률이 얼마나 될까? 펜실베니아 대학교의 미셸과 연구진들은 걱정을 자주 하는 사람들의 걱정을 추적했다. 그 결과 91.4%의 걱정이 발생하지 않았다는 것을 결과로 얻어 냈다.* 8.6%의 확률로 걱정하는 일이 실제로 벌어질 수 있다. 그러나 학계의 다른 연구를 보면 70~80% 이상이 대처를 잘했다고 한다. 우리가 얼마나 많은 에너지를 벌어지지 않을 일에 쏟고 있었는지 생각해 보면 웃음이 절로 나온다. 기억하라.

* LaFreniere, L. S., & Newman, M. G. (2020). Exposing worry's deceit: Percentage of untrue worries in generalized anxiety disorder treatment. Behavior Therapy, 51(3), 413-423.

"걱정하는 것의 90%는 일어나지 않을 걱정이다. 할 수 있는 것을 하라."

자신이 지금 만족할 만한 삶을 살고 있다면, 순응하고 계획대로 살아가는 것이 좋을 것이다. 감히 두려움을 무릅쓰고 도전할 필요 없이 '안정적'이고 '평범한' 일상을 살아가는 것이 좋다. 불확실함을 최대한 피하는 것이 좋다. 아마존의 CEO 제프 베조스, 테슬라의 일론 머스크, 애플의 스티브 잡스, 마이크로소프트의 빌 게이츠, 페이스북의 마크 저커버그처럼 불확실한 삶을 살 필요는 없다. 그러나 불확실함 뒤에는 보상이 존재한다. 사람들은 콜럼버스에게 지구는 평평해 낭떠러지로 떨어질 것이라고 했다. 기억하라.

"위협적인 불확실함 뒤에 성공과 발전이라는 보상이 숨어 있다."

미지의 영역에 뛰어들면 살아남을 수 있을까? 무너지지는 않을까? 걱정한다. 자신은 아직 준비되지 않고 너무 약한 존재라고 생각한다. 불안하고 스트레스를 받기도 한다. 잠시 어린 시절을 생각해 보자. 어른의 경고도 무시하고 세상을 탐구하느라 바쁜 시절이다. 미지의 세상은 모험이자 보물이 가득 찬 흥미로운 곳이었다. 우리는 안정과 권태 대신 모험을 선택한 모험가였다. 우리는 태생적으로 강한 존재들이었다. 세상에 두려워할 것은 없다. 모험은 일상을 벗어날 기회다. 기억하라.

"모험가로서 미지의 영역을 탐구하는 것이 우리의 사명이다."

좋아하지 않는 일을 하면 얼마나 많은 무력감과 스트레스를 받았는가. 막상 단념하고 자신이 좋아하는 일로 모험을 떠나려고 해도, 자신이 의무를 저버렸을 때 잃게 되는 많은 것들이 생각난다. 결국 자신은 타인과 다르다며 상황을 탓하고, 모험을 미룬다. 그러다 시간만 흘러간다. 불안, 우울감, 스트레스, 후회가 생긴다. 지금, 자신이 좋아하는 일을 시작하라. 인생이라는 감옥의 죄수이자 피해자로 살지 마라. 그러면 상황 핑계를 대지 않게 된다. 결과에 연연하지 않고 행복과 의미를 찾을 수 있게 된다. 기억하라.

"인생이라는 배의 방향키를 잡은 것은 나이다. 모든 인생의 책임은 나에게 있다."

- 어둠 속 밝게 빛나는 나만의 별을 찾아라

겉으로 행복해 보이는 사람들도 근심과 걱정이 있다. 우리는 전례 없는 위험한 세계 속에서 살고 있다. 전쟁의 위협, 사이버 위협, 피싱, 그리고 경제적인 위협이 우리를 시시각각 위험에 빠뜨리고 있다. 특히 경제적인 위협은 우리의 생계뿐만이 아니라 자존감까지 흔들어 놓는다. 돈이 생존, 행복과 직결되어 있다는 믿음에 우리는 돈과 자산으로 자신의 값어치를 매긴다. 그러나 미래는 불확실하며 자신이 가진 것은 언제든 떨어지기도 하고, 손에서 떠나가기 마련이다. 가진 것이 없다면, 가치 없는 사람인가? 아니다. 기억하라.

"절대 자신의 가치를 돈과 소유로 단정 짓지 마라. 당신은 존재 자체로 이미 가치가 있다."

빠르게 변하는 세상은 위험한 곳이 아니라 가능성이 가득

한 곳이다. 그곳을 탐험하느냐 마느냐는 이제 오직 자신의 몫이 되었다. 두려움을 이겨내고 고통을 참는 것은 우리의 책임이다. 무엇이 이런 용기와 인내력을 주는가. 자존감이다. 세상을 탐구하기 전 나를 알아야 한다. 내가 중요하게 생각하는 가치는? 삶의 의미는? 자신을 모르는 사람은 타인의 의견에 휩쓸리고 불안에 휩쓸린다. 자신과 맞지 않는 옷을 입게 된다. 자신을 성장시키는 삶을 살기 위해서 무엇보다 자신을 알아야 한다. 불확실함에 두려워하는 사람이 어떤 말로를 걷는지 우리는 알고 있다. 마약, 중독, 종교, 정치 이념, 도박, 편 가르기. 기억하라.

"내가 나를 알면 세상이 두렵지 않다. 자신에게 맞는 옷을 입고 성장한다."

모두가 불확실함 앞에서 불안해하고 무서워한다. 그러나 감히 불확실함이라는 모험을 떠나는 이들도 있다. 미지의 영역에서는 알아야 하고, 배워야 할 것들이 많기 때문이다. 심지어 자신이 아는 것들을 전부 포기하고 새로 배워야 할 수도 있다. 자신이 누리던 것들을 내려놓아야 한다. 성공하고 모험을 떠나는 이들은 자존감이 높은 이들이다. 이들은 자기 능력을 믿는다. 어떤 상황이든 자신이 배우고, 적응하고 헤쳐 나갈 수 있다고 믿는다. 배우는 고통을 인내한다, 행동한다, 성공한다. 기억하라.

"배움에 대한 자기 능력을 믿는 사람은 절대 포기하지 않는다."

당장 내일 어떤 일이 일어날지는 모른다. 사업이 번창하고 주식이 오르더라도, 내일은 또 다를 수도 있는 것이 삶이다. 자신이 통제할 수 있는 것과 없는 것을 구분해야 한다. 어떤 상황이라도 자신에 대한 존중은 잃지 말아야 한다. 자신이 어떤 상황에서든 배울 능력이 있음을 확신하라. 자신은 살아갈 가치가 있다는 것을 믿어야 한다. 자기 존중은 어느 환경, 상황에서든 나의 삶을 비참하게 생각하지 않는 용기이자 삶에 대한 믿음이다.

"믿음이 있다면 꺼지지 않을 하나의 밝은 별은 언제나 안에서 빛나고 있다."

13

내면의 비판자

—

부정적인 생각이 들 때 맞서는 방법이 있다

이렇게 살면 안 되겠다는 마음에 다이어트를 여러 번 시도했다 포기한 적이 있다. 머릿속에서 울리는 부정적인 목소리 덕분이었다. 지금 생각해 보면 얼마나 끔찍한 말들을 내게 쏟아냈는지 소름이 돋는다. '제대로 살도 빼지도 못하면서 해서 뭐 해?', '네가 저런 사람같이 좋은 몸매를 가질 수 있을 것 같아?', '살 뺀다고 인생 안 바뀌는데 그냥 살던 대로 살아.', '너 같은 돼지가 뭘 할 수 있겠어, 또 실패하겠지!', '다이어트 중에 이런 걸 먹어? 넌 못하겠다.' 이보나 너 심한 말들도 스스로 했었다. 지금은 부정적인 목소리가 들리면 웃고 넘어가지만, 그 당시에는 멘탈이 쉽게 흔들렸다.

- 부정적 감정과 생각을 가진 비판자가 내면에 있다

심리학 박사이자 작가인 로버트 파이어스톤은 우리 내면에 사는 작은 악마를 "내면의 비판자"라고 했다.* 내면의 비판자는 부정적인 사고 모델로서 우리 자신과 타인에게 부정적인 영향을 준다. 비판적 목소리는 유년기 시절 경험에 의해서 만들어지게 된다. 부모, 선생님, 친구에 의해서 형성된다. 부정적인 말, 행동, 경험이 '내면의 목소리' 형태로 남아 부정적인 말을 수시로 한다. 비판, 거절, 증오감, 분노에 대한 감정을 포함한 내면의 목소리는 일상생활에서 우리가 목표를 성취하고, 행복해지는 것을 극도로 싫어한다. 발전하고 싶은 우리의 진짜 자아를 방해하는 거짓 자아이다.

어렸을 때 용기 내 학급 반장 선거에 출마했다가 망신만 당

* Firestone, R. W., Firestone, L., & Catlett, J. (2002). Conquer your critical inner voice: A revolutionary program to counter negative thoughts and live free from imagined limitations. New Harbinger Publications.

한 경험이 있다. 그 후로 타인 앞에 서는 일이 생길 때마다 내면의 비판자가 출현해 '그때 너 완전히 망신당하지 않았느냐? 이번에도 실패하고 망신당하겠지. 아예 발표하지 마!'라며 괴롭혔다. 우리는 경험을 통해 상황을 예측하고 이해한다. 특정 상황에서 부정적인 경험을 했다면, 그 상황에서는 부정적인 사고가 들 수밖에 없다. 이를 심리학 용어로 '자동적 사고'라고 한다. 자신감을 가질 수 없게 한다. 회피할수록 내면의 비판자는 더 신나서 날뛴다. 우리는 또 위기를 넘겼다며 안도한다. 비판자가 하는 말이 의외로 수긍이 간다.

내면의 비판자 편을 들기 시작하면, 더 가혹하게 강도 높은 목소리로 우리를 비난한다. 타인 앞에서 망신당한 경험을 점점 들추더니, 이제 인간관계까지 영향을 줄 정도로 사실을 왜곡한다. 그러다 원인을 모르는 부정적인 자동적 사고가 하나 둘씩 튀어나온다. 그냥 일반적인 생각처럼 취급했지만, 빗물이 모여 웅덩이가 되듯, 내면의 비판자는 생각을 먹고 자라 우리의 뇌를 지배하기 시작한다. 일상에서 내면의 비판자의 말이 우리의 행동에도 영향을 준다. 조금이라도 위험을 감지하거나 힘들면, 감당하기 힘들 정도로 몰아친다.

내면의 비판자는 어릴 적부터 힘을 비축하기 시작한다. 합당하지 않은 비판을 받거나, 친구들 앞에서 망신당하거나, 선생님으로부터 자존감이 상할 정도의 부정적인 경험을 하거나, 양육자로부터 적절한 보호와 애정을 받지 못하는 경우, 내면의 비판자는 이런 경험을 기반으로 삼아 점점 자라난다. 자신과 가까운 사람들이 자신을 부정적으로 평가하고 대하는 모습을 진짜 자기 모습이라고 생각하게끔 만든다. 모든 삶에 관여해서 자신을 평가절하한다. 비판자가 암처럼 내면에 자리 잡게 되면 삶이 지옥과 같이 힘들어진다.

- 내면의 비판자는 삶을 비튼다

컨디션이 좋을 때, 뇌도 덩달아 기분이 좋아진다. 좋은 생각, 말, 행동을 선택한다. 힘든 일이 생기면 편도체에 비상벨이 울린다. 내면의 비판자가 활동할 시간이다. 모르는 사람이 대부분인 파티에 갈 때 먼저 말을 걸기가 무섭다. 분명 내가 먼저 말을 걸면 대부분 나를 싫어하고 피한다고 생각한다. 스스로 소심하고 사교성 없다고 느낀다. 타인이 등 뒤에서 나를 욕하고 있다는 기분을 느낀다. 불안한 우리는 진정하고 싶어 한다.

내면의 비판자는 이때다 싶어 비판적인 목소리를 쏟아낸다. 가장 힘든 시기에 부정적인 말만 쏟아낸다.

부정적 사고의 유형과 영향은 다음과 같다.

- **확대 해석:** '교수님이 더 구체적인 사례를 예시로 사용하면 좋겠다고 하셨는데, 이번 발표는 완전히 망했다.' 전체적인 것보다 작고 부정적인 것에 집중하는 경향.

- **고정 관념:** '왜 저런 행동을 하지? 분명 인성도 더러울 거야.' 내면의 비판자가 좋아하는 부정적인 것들만 주의를 기울이며 편견을 만든다.

- **비현실적인 강요:** '나는 모든 사람에게 친절을 베풀어야 해.', '어느 순간이더라도 완벽한 모습을 보여줘야 해.' 이룰 수도 없고, 지킬 수도 없는 비현실적인 강요를 한다.

- **일반화:** '이번에도 실패했어. 나는 절대 다이어트에 성공할 수 없을 거야.', '이렇게 사는 게 내 운명인가 봐.' 부정적인 경험과 관련된 모든 경험과 결과가 앞으로도 부정적

일 것이라고 일반화한다.

- **내면화**: '왜 나를 쳐다보지? 나를 무시하는 건가?', '왜 웃지? 날 비웃는 건가?' 아무런 의도도 없는 상대방의 행동을 의도가 있다며 개인적으로 해석하고 받아들인다.

- **단정 짓기**: '나이가 많으니까 못 해.', '시기를 놓쳤으니까 불가능해.', '나는 사교성이 없어.', '나는 내성적이야.', '나는 평생 흙수저로 살아야 해.' 특정 경험으로 자신의 한계를 단정 짓고, '나는 이런 사람이다.'라며 고통을 회피하고 합리화한다.

- **부정적 해석**: '남자친구가 왜 연락이 없지? 나를 더 이상 사랑하지 않나 봐.', '오늘 날씨도 안 좋은데, 남은 여행도 날씨 같겠네.' 모든 상황을 부정적으로 해석한다.

- **칭찬 거부**: '내가 없으면 절대 프로젝트를 잘 끝마치지 못했을 거라고 말했는데, 그냥 겉치레인 칭찬일 뿐이야. 내가 없어도 잘 끝마칠 수 있었어.' 내면의 비판자가 좋아하

는 부정적인 생각과 감정에서 벗어나지 않기 위해 칭찬을 깎아내려 균형을 맞추려고 한다.

- **흑백논리:** '저 사람처럼 멋진 몸매를 만들지 못할 바에, 그냥 하지 말자.', '모든 게 완벽해야 사랑받을 수 있어, 아니면 버려지는 거야.', '여자친구가 나에게 똑같이 사랑한다고 말해주지 않으면, 나를 사랑하지 않는 거야.' 이거 아니면 저거, 다양한 선택지를 고려하지 않고 극단적으로 생각한다.

- **최악 예상:** '오늘 면접에서 대답을 잘하지 못했지, 취직은 물 건너갔네.', '내일이 시험이라고? 아직 부족한데, 절대로 좋은 성적을 받지 못하겠네.' 항상 최악의 결과가 있을 거라 예상한다.

- **깎아내리기:** 내면의 비판자는 자신이 가치 없고 존중받을 자격이 없는 사람이라고 말한다. 꿈도, 희망도 없는 고통뿐인 삶을 평생 살아야 한다고 말한다. 자신은 무능력하고, 어떤 어려움도 헤쳐 나가지 못할 거라고 한다. 자존감

이 점점 깎여 나간다.

- **두려움과 불안:** '너의 연인이 너를 왜 좋아하는지 모르겠다, 너는 사랑받을 가치가 없어.' 연인이 자신을 사랑하지 않을까 봐 두려워하고 불안해한다. 사랑을 수시로 확인하려고 한다. 진심으로 사랑한다고 해줘도 만족하지 못하고 불안해한다. 인간관계에서 안정감을 느끼지 못한다. 서로 연결되고 통한다는 기분을 느끼지 못한다. 학업, 직업적인 성공을 해도 자신은 능력이 없이 운이 좋게 성공했고, 자신의 성공은 거짓이라고 생각한다. 나의 진짜 모습과 무능력이 곧 밝혀진다고 생각한다.

- **우울:** 감정적으로 힘들고 슬플 때, 내면의 비판자는 슬픔을 더더욱 증폭시킨다. 자신은 더 이상 사업을 할 자격이 없고, 애인과 친구를 만들 수도 없다고 생각한다. 철저하게 자신을 고립시킨다. 우리의 시선을 외부가 아닌, 내부로 제한한다. 슬픔이 내면의 비판자를 만나 우울증으로 변한다. 무기력함, 의욕 상실, 섭식 장애를 경험한다.

• **공격성:** 자신을 공격하는 내면의 비판자는 타인도 공격한다. 타인의 좋지 않은 점을 보고, 부정적으로 생각한다. 협력하는 관계가 아닌, 경쟁하는 '적'으로 인식한다. 사소한 다툼이라도 그냥 넘어가지 않고 상대방을 공격한다. 쉽게 화를 낸다.

• **고통 회피:** 인내심과 고통을 인내하는 목표와 도전을 회피하라고 말한다. 고통스러운 현실 대신 쾌락을 주는 다른 대안들을 찾도록 한다. 게임, 도박, 알코올, 가상 세계 등에 깊게 빠져든다. 의존적으로 사람을 변화시킨다. 개인의 성장을 방해하며, 자기 능력을 의심하도록 만든다.

- 내면의 비판자는 걱정 많은 거짓말쟁이다

내면의 비판자는 우리가 얼마나 나약했는지, 불안했는지, 수치스러웠는지 기억한다. 우리는 절대 고통을 감당하고 이겨낼 수 없다고 한다. 그러나 우리는 에릭 에릭슨이 말했듯, 부족한 부분을 채우고 성장할 수 있는 회복력이 있다. 무한한 잠재력이 있다. 내면의 비판자의 말에 무의식적으로 동조하지 말아야 한다. 그리고 비판자의 걱정이 과장되었고, 건네는 말은 거짓말이라는 것을 보여줘야 한다.

내면의 비판자가 발동하기 시작할 때 다음과 같은 질문을 던져본다. 내면의 비판자는 현실적이지 않기에 구체적인 질문에 대한 대답을 제대로 하지 못한다. 우선 내면의 비판자에게 이렇게 물어본다. "내가 겪을 수 있는 최악의 결과는 뭘까?" 그리고 이에 대해 스스로 대답해 본다. 그 후 다음과 같은 질문을 한다.

"지금 상황이 어디까지 갈 수 있을까?"
"실제로 일어날 가능성은?"
"해결할 방법은 무엇인가?"

대부분의 부정적인 문제와 생각들은, 이런 구체적인 질문을 유도함으로써 해결된다. 그러나 종종 감당하기 힘든 경우도 있다. 내면의 비판자는 겁쟁이다. 고통받는 것을 극도로 싫어한 나머지, 모든 상황을 두려워하고 불안해한다. 고통을 회피하기 위해 거짓말을 하며, 두루뭉술한 말로 우리를 현혹한다.

내면의 비판자를 잠재우기 위해서 우리는 최대한 구체적으로, 현실적인 반박을 해야 한다. 심리학에선 이를 '대처하기'라고 한다. 부정적인 생각이나 감정이 들면 다음과 같은 시도를 해 본다.

"나의 모습을 친구가 본다면, 내가 어떤 느낌, 생각을 하고 있다고 할까?"

"나의 감정과 느낌을 애니메이션 캐릭터는 어떻게 풀어서 설명할까?"

"내 뇌에 입이 달려있다면 지금 느낌과 생각을 뭐라고 표현할까?"

그렇게 떠오른 느낌, 생각, 감정을 구체적으로 적어본다. 눈에 보이고, 형태를 갖추고 있다면 반박이 가능해진다. 그다음부터 내면의 비판자가 두려워하고 불안해하는 것들에 대해 구체적으로 반박하자.

- "아침에 인사를 했는데 친구가 받아주지 않았어, 분명 나를 싫어하는 거야."

→ 아침 수업이라 피곤했을 수도 있고, 잠이 덜 깼을 수도 있지. 진짜로 나를 싫어하는지는 모르는 거야. 있다가 또 가서 인사를 해 보자.

- “말을 조금 더듬는 습관이 있는데, 모두 나를 멍청하다고 생각할 거야.”

  → 내가 다른 사람들의 생각까지 알 수는 없어. 그건 신의 영역이야. 만약 멍청하다고 생각해도, 내가 이번 발표를 끝까지 잘 해낼 거라는 믿음에 영향을 줄 수 없어.

- “나는 무엇 하나 성공하지 못한 패배자야.”

  → 사업이 계속 실패할 수도 있지, 그러나 영원한 실패는 존재하지 않아. 내가 이번 교훈을 계기로 배울 수 있는 것은 뭘까?

- “나는 존중받을 가치가 없고 모든 사람에게 사랑받을 자격이 없는 인간이야.”

  → 내가 나한테 너무 혹독하게 하는 것 같아. 사실 단 한 명쯤이라도 나를 사랑해주고 존중해주는 사람이 있잖아?

모두라는 것은 사실이 아니야. 그리고 나는 태어난 순간부터 사랑받고 존중받을 자격을 갖추고 있어. 나는, 나야.

단 한 번에 내면의 비판자가 꼬리를 말고 패배를 선언하지 않는다. 꾸준한 노력과 연습이 필요하다. 자신의 반박에 내면의 비판자가 조금이라도 생각을 바꾸거나 의구심이 들면, 이미 자신이 바뀌고 있다는 증거다. 꾸준히 내면의 비판자를 흔들어 놓아야 한다. 비판자가 쌓은 돌담을 하나씩 천천히 해체해야 한다. 혼자 극복하기 힘들 때도 있다. 그럴 때 다음 질문을 다시 상기해 본다.

- 비판자가 하는 말에 구체적인 증거가 있는가?
- 다른 방법과 선택지는 없을까?
- 느낌과 감정으로 짐작한 것은 아닐까?
- 나와 가까운 사람이 나에게 해줄 수 있는 말은 뭘까?
- 내가 예상하는 부정적인 결과와 반대되는 경험을 한 적이 있지 않을까?

주의해야 할 점이 있다. 종종 타인은 우리에게 건설적인 비판을 건네기도 한다. 진심 어린 비판을 구분하는 것도 중요하다. 건설적인 비판은 꼭 새겨듣고 발전의 밑천으로 삼아야 한다.

- 내 행동에 대한 비판의 근거는 무엇인가?
- 내가 이런 행동을 한 이유는 무엇인가?
- 행동을 바꿔야 하는 이유는 무엇인가
- 행동을 바꾸면 어떤 결과를 기대할 수 있을까?
- 행동을 바꾼 나에게 어떤 칭찬과 보상을 해줄까?

- 너무 가혹하게 자신을 몰아붙이지 말자

내면의 비판자의 목소리가 자신의 목소리라고 생각하는 사람은 자존감이 낮을 수밖에 없다. 아무리 친구가 칭찬을 해줘도, 부정하고 거절하고 심지어 화를 내기도 한다. 칭찬을 해주는 친구도 계속되는 거절과 자기 비하, 그리고 평가 절하에 불편함을 느낄 수밖에 없다. 겸손해지려고 한 표현이라고 해도, 자신을 부정적으로 보는 사람을 좋아해 주는 사람은 없다. 우리는 스스로에게 너무 가혹하다.

"사람은 누구나 실수를 할 수 있어.": 자신이 좋지 못한 결과를 냈다고 하더라도, 자신을 이해하고 품어줘야 한다. 실수는 인간이면 누구나 할 수 있다. 누군들 실수를 하고 싶었겠는가? 더 잘하기 위해서 얼마나 많은 노력을 했는가? 작은 실수에 너무 자신을 가혹하게 몰아붙이면 안 된다. 이해하고 수용하는 연습을 하자. 원숭이도 나무에서 떨어진다. 자전거를 처음 타면 누구나 넘어진다. 실수는 우리의 삶과 늘 함께다. 그리고 실수를 통해 성장한다.

- "**생각은 생각일 뿐이야.**": "생각으로는 사람도 죽인다."는 말이 있다. 생각은 우리가 만들어 낸 스토리이다. 여기에 과도하게 몰입하면 안 된다. 인간은 하루에 수만 가지의 생각을 하고 산다. 그런 생각 중 하나라고 받아들여야 한다.

- "**나만 그런 게 아니야.**": 이 세상에 나만 혼자 고통을 받고 있다는 고립감만큼 힘든 것이 없다. 나뿐만이 아니라 99퍼센트의 사람들이 불안과 부정적인 비판자로 고생한다. 1퍼센트는 사이코패스다. 당신은 혼자가 아니다.

- “**완벽한 사람은 없어.**”: 완벽한 사람은 없다. 인간은 누구나 결점이 있다. 우리는 옳고 그름 사이의 회색 지대에서 사는 불완전하고 조금 이상한 사람들이다. 결점이 있다는 것은 발전할 가능성이 있다는 것이다. 그리고 다른 사람들은 나의 결점을 보완해 줄 수 있다. 그렇기에 인간사회가 아름다운 것이다.

- “**겸손함을 갖추고, 상대를 칭찬하고 인정하자.**”: 겸손한 사람은 자신의 능력을 과시하거나 뽐내지 않는다. 그저 묵묵히 자신의 할 일을 할 뿐이다. 자신이 하는 일과 능력에 자부심을 가지고 있다. 생산성을 기반으로 매일 성장하는 기쁨을 느낀다. 칭찬을 받고 칭찬을 하는 것에도 인색함이 없다. 상대방에게 진심으로 감사하다는 인사를 되돌려 준다.

- “**지금을 살자.**”: 과거에 집착해서 과거를 바꿀 수만 있다면, 제발 과거에 집착하라고 하고 싶다. 과거에 얽매여 시간을 축내지 말라. 바꿀 수 있는 것은 현재뿐이다. 기억하라, 오늘이 내일의 과거가 된다.

- **“내가 아니어도 괜찮아.”**: 모든 일을 내가 책임지고 해야 한다는 생각을 버려야 한다. 오히려, 내가 타인의 부탁을 들어주며 긍정적인 이미지를 유지하고 싶은 건 아닌지 생각해 봐야 한다. 자신이 할 수 없거나, 좋아하지 않거나 감당 불가능한 일은 정중하게 거절해야 한다. 모든 일에 책임을 질 필요는 없다.

3장

누구나 멘탈종결자 되는 시크릿 III

14

스트레스

현대인은 왜 스트레스가 많고 어떻게 풀어야 할까?

사소한 일에 쉽게 감정이 상하고 짜증 난다. 자신도 모르는 말들이 입 밖으로 튀어나와 타인을 공격한다. 불평불만이 많아진다. 기억력이 저하되고 학습 능력도 떨어진다. 학업, 직장 생활에 지장도 생긴다. 무기력해지고 일을 나가고 싶지 않게 된다. 실수도 잦아진다. 중독에 빠지기도 한다. 쇼핑, 술, 마약 등에 빠져 자신을 통제하지 못하게 된다. 화를 조절하지 못한다. 현대인의 질병은 만성적인 스트레스 반응 때문이라고 해도 과언이 아니다.

- 뇌의 목적은 우리의 생존이다

인간의 뇌는 두 가지 목적을 가지고 있다. 첫째는 생존이다. 어떻게 해서든 살아남아 DNA를 전파하는 것이다. 둘째는 몸의 다양한 기능을 조율하는 것이다. 심장을 움직이고, 공기를 마시고, 뛰거나 걷는 등 신체의 기능을 조율한다. 생존 임무는 편도체에 부여되어 있다. 감정을 처리하고 학습을 기억한다. 위협을 받으면 회피할지, 공격할지 즉각적으로 행동하게 만든다. 성욕과 식욕도 조절한다.

회피 혹은 공격에 대한 판단은 신속하다. 인지하지도 못하는 사이 몸은 이미 움직이고 있다. 이를 투쟁-도피 반응이라고 한다. 자신이 인적이 드문 산길을 걷고 있다고 생각해 보자. 100미터 떨어진 곳에 희미하게 곰 혹은 멧돼지 같은 형체가 식별된다. 50미터, 곧 형체는 곰이라는 것이 밝혀진다. 눈을 통해 들어온 긴급 정보는 편도체에 경보를 울린다. 동공이 커지고, 몸이 수축하며 긴장한다. 심장 박동이 빨라진다. 위협을 식별하자마자 도망가거나 싸울 준비를 한다. 곰을 보고 무모하게 달려드는 사람은 없을 것이다.

갑자기 위협이 닥쳤을 때 몸이 얼어붙는 경우도 있다. 도로를 무단횡단하다가 갑자기 차가 자신에게 돌진하거나, 사랑하는 사람이 갑자기 떠나거나, 집에 좋지 않은 일이 생길 때 몸이 얼어붙는다. 어떤 행동도 의미 없다고 판단한 뇌는 온몸을 얼어붙게 만든다. 자신이 예상하지 못하고 감당하기 힘든 일이 닥칠 때 그렇다. 스트레스 호르몬이 분비되어 생각이 둔해지고 몸과 마음이 바짝 긴장하는 것이다.

인간과 같은 포유류는 눈, 입, 귀, 코, 피부 등 오감을 통해 위협을 감지한다. 위협은 편도체의 경보 시스템을 작동한다. 위협이 해결될 때까지 다음과 같은 증상을 유지한다. 숨이 잘 쉬어지지 않는다. 몸이 수축한다. 갑자기 얼어붙는다. 두통, 소화불량, 빠른 심장 박동, 긴장, 식은땀, 식욕감퇴, 통증, 입이 바싹 마른다. 스트레스, 불안의 증상과 정확히 같다. 맹수의 위협에서 벗어나야 스트레스 반응이 사라진다. 그러나 맹수의 위협이 없는 현대인들의 편도체는 꺼질 기미가 보이지 않는다.

- 스트레스 반응과 원인은 다르다

한스 셀리에 박사는 스트레스 유발 인자와 스트레스를 구분했다.* 스트레스 유발 인자는 부상, 질병, 사업 실패, 투자 손실, 친구와의 다툼, 이별, 업무, 완벽주의, 낮은 자존감, 부정적 사고방식 등이다. 스트레스는 유발 인자가 주는 자극에서 안정을 찾으려는 신체의 반응이다. 사슴이 늑대라는 스트레스 유발 인자를 만나면, 스트레스 반응이 나온다. 늑대에게서 벗어나면 곧 안정을 찾고 평소처럼 풀을 뜯거나 동료 사슴들과 놀 것이다. 그러나 현대인의 스트레스 유발 인자는 명확하지 않고 눈에 보이지도 않는다. 해결하기도 힘들다. 스트레스 반응이 지속된다.

스트레스 유발 인자가 일으키는 스트레스 반응을 3단계로 구분할 수 있다. 첫째는 경고다. 스트레스 유발 인자들이 주는 자극에 몸이 반응해 스트레스 호르몬을 분출한다. 투쟁–도피 혹은 얼음 반응으로 즉각적으로 대응하려고 한다. 둘째는 저항이다. 문제가 해결되지 않으면 스트레스 호르몬이 계속 분비된다. 몸은 스트레스 반응으로 에너지를 소비해 안정을 찾으려고 한다. 마지막은 탈진이다. 스트레스 호르몬을 버티지 못하고 몸과 마음, 그리고 사회생활에서 문제가 생긴다.

* Selye, H. (1972). Stress. W/W Recording Services.

스트레스를 받으면 몸은 아드레날린과 코르티솔을 분비한다. 아드레날린은 우리가 외부 위험으로부터 도망치도록 신체를 각성하고 흥분하게 만든다. 코르티솔은 혈당을 끌어올려 몸에 에너지를 돌게 한다. 몸의 면역력을 떨어트리고 스트레스 반응을 해결하기 위해 모든 에너지를 투입한다. 해결하지 못하면 혈압이 올라가고, 심장이 뛰고, 에너지가 소진돼 무기력해진다. 심장 질환이 생긴다. 면역력이 떨어져 쉽게 병에 걸린다. 수면이 불규칙해지고, 소화가 잘되지 않는다. 두통에 시달린다. 체중도 빠진다. 몸이 망가진다.

스트레스 유발 인자가 해결되지 않으면, 지속적인 불안을 경험한다. 심각할 경우, 불안장애가 된다. 우울증도 생긴다. 기분이 금방 다운된다. 삶의 의욕을 잃어버리고 뭐든 재미가 없고 우울해진다. 스트레스 유발 인자를 지속해서 떠올리면 외상 후 스트레스 장애PTSD도 생긴다. 생각을 떨칠 수 없고, 불안하고 두려움이 지속된다. 폭식하게 된다. 음식에 중독된다. 극단적인 생각도 든다. 감정의 기복도 심해진다. 부정적인 생각이 수시로 든다.

- 스트레스는 사실 존재하지 않는다

스트레스 유발 인자는 우리의 내부, 외부에서 찾을 수 있다. 외적인 요인들은 인간관계, 직장, 학업, 경제적인 상황, 나와 가까운 사람의 건강, 공사장의 소음 등이다. 내적인 요인은 내면의 비판자, 부정적인 사고, 과도한 방어 기제, 사회적인 불안, 통제력 상실, 자존감, 완벽주의이다. 이런 모든 것들이 스트레스 유발인자가 되지는 않는다. 왜냐하면 사람은 환경, 성격, 특성이 모두 다르기 때문이다. 그래서 개인마다 스트레스 유발 원인을 해결하는 방법, 스트레스에 대처하는 방법도 다르다.

- **인지적 평가 이론: 스트레스를 받는 상황을 긍정적으로 해석하라.**

우리는 상황을 긍정적인지 부정적인지 먼저 평가하고 이후 해석한다. 부정적인 상황이라면 스트레스를 받는다. 자신이 해결할 수 있는 능력이 있는지 자문해 본다. 만성적인 스트레스를 받는 사람이라면 해결하지 못한다고 판단한다. 상황을 부정적으로 해석하고, 부정적인 결과만 있다고 생각한다.

인지적 평가 이론은 우리가 상황을 어떻게 해석하느냐에 따라 스트레스 반응이 달라진다는 것이다. 긍정적으로 생각하라는 핵심이 여기에 있다. 객관적으로 벌어진 사건을 일차적으로 부정적으로 받아들이고, 부정적인 해석으로 스트레스를 받는 것이다.

예) '곧 프로젝트 마감일이네, 짜증 나고 스트레스받는다….
너무 하기 싫은데.'
→ '어차피 해야 하는 거 거 해 보지! 뭐 분명 이번 기회로 나는 더 성장할 거야.'

피할 수 없다면 즐기라는 말이 있다. 스트레스받는 상황이 자신의 성장에 어떤 도움을 줄지를 찾아보라. 처음에는 힘들다. 그러나 상황을 제대로 직면할수록 더 많은 것들이 보인다. 스트레스 내성도 생긴다.

• 상황–스트레스 반응 모델: 내가 할 수 있는 일을 하라.

스트레스를 받는 상황이라면 3가지를 따져보자. 사건이 얼마나 나에게 많은 영향을 끼치는가? 내가 통제할 수 있는 일인가? 예측할 수 있던 상황인가? 대부분의 대답은 정해져 있다. 그러나 2번의 질문 통제할 수 있는 일인가에 대해서는 생각을 조금이라도 하게 된다. 통제할 수 있는 일이란, 내가 행동 정서적으로 스트레스 유발 인자에 대처할 수 있는 일이다. 통제 가능하다면 행동하라, 불가능하다면 자신이 할 수 있는 가장 작은 일을 찾아라. 상황을 통제하고 있다는 감각은 우리에게 안정감을 준다.

예) '곧 미팅이 있는데 차가 꽉 막혀서 미치겠네, 앞에 있는 차들이 전부 없어지면 좋겠다.'
→ '차가 막히는 건 내가 통제할 수 있는 일이 아니야. 그렇다면 현시점에서 가능한 일을 하자. 미팅 상대방에게 전화하고 사정을 말하자, 그리고 차가 막히는 김에 미팅 내용이나 다시 점검해 보자.'

앞 차에 신나게 욕을 퍼붓는다고 갑자기 도로가 뻥 뚫리지 않는다. 인간관계도 마찬가지다. 타인에게 기대하고 통제하려고 하려고 할 때, 내 마음대로 되는 일이 있던가? 자신이 할 수 있는 일과 없는 일을 구분해서 행동해야 한다.

- 스트레스에 현명하게 대처하라

예일대 사회학 박사인 앨런 빅터 호위츠는 스트레스 원인에 대처하는 사람은 개인적인 방법, 사회적인 도움, 자기 통제를 통해 스트레스를 조절한다고 한다. 어떻게 대처하는지에 따라 건강하고 행복한 삶을 살 수도 있고, 정신 장애를 갖거나 불행한 삶을 살 수도 있다고 한다. 스트레스에 대한 적절한 대응은 스트레스와 트라우마 증상을 줄여 준다고 한다.* 사회적인 도움을 받으면 우울증에도 도움을 받을 수 있다. 자기 신체와 정신을 잘 관리하면 정신 건강에 많은 도움이 된다.

• 모든 것을 통제하려고 하지 마라.

모든 상황을 통제하지 못하면 불안해지는 사람이 있다. 그러나 모든 것을 완벽하게 통제하는 것은 불가능하다. 그리고 통제하지 못할 때 자신이 무능하며 실패자라는 생각이 든다. 일어날 일은 통제한다고 해서 막을 수 있는 것이 아니다. 인생은 불확실하다는 것을 알아야 한다.

* Horwitz, A. V., & Scheid, T. L. (Eds.). (1999). A handbook for the study of mental health: Social contexts, theories, and systems. Cambridge University Press.

• 스트레스를 동기로 바꿔라.

스트레스가 꼭 나쁜 것만은 아니다. 스탠퍼드 대학교의 피르다우스 다바르 박사는 스트레스가 우리를 움직이게 하는 동기이자 선물이라고 했다. 친구의 깜짝 생일파티를 기획해 본 사람은 스트레스가 왜 행동의 동기가 되는지 알고 있다. 친구의 행복한 모습에 대한 기대가 있기 때문에 생일 선물을 준비하고 장소를 찾는 것이다. 또 긍정적인 감정이 들어, 자연스럽게 스트레스 호르몬 수치도 내려간다. 면역력도 높아지고, 할 수 있다는 자신감도 생긴다.

• 문제는 늘 생기기 마련이다.

스트레스받는 상황과 문제는 늘 생기기 마련이다. 하지만 어떻게 대처하느냐에 따라 행복과 불행이 판가름 난다. 문제가 해결되지 않을 때 우리는 짜증을 내며 스스로를 비난한다. 그러나 짜증과 자기 비하는 문제를 해결해 주지 않는다. 행복하고 긍정적인 사람은, 문제 해결 방법보다 대처 방법을 잘 알고 있다. 문제와 상황을 어떻게 생각하느냐가 행복과 불행을 만든다는 것을 안다. 문제를 다른 관점으로 생각하라. 모든 것은 생각하고 마음먹기에 달려있다.

• 타인에게 도움을 요청하라.

연구에 의하면, 타인에게 도움을 요청하는 행위만으로도 스트레스 호르몬이 감소한다고 한다. 그러나 우리는 도움을 요청하는 것에 굉장한 두려움을 가지고 있다. 하지만 계속 고통을 받을 바에, 조금이라도 두려움을 무릅쓰고 도움을 요청하는 것이 현명하지 않을까? 두렵다는 것을 인정하고, 내가 처한 상황에 도움을 줄 수 있는 사람을 여러 명 찾는다. 그리고 도움을 요청하라. 지금까지 나는 10명에게 도움을 요청했고, 6명이 도움을 주었다. 4명은 따듯한 조언과 안부를 물어봤다.

• 집중할 수 있는 취미를 찾아라.

스트레스를 받는 것을 먹는 것으로 푸는 사람이 있다. 스트레스 반응이 지속되면 에너지가 고갈되기 때문에 즉각적으로 사용할 수 있는 에너지원을 찾는다. 밀가루, 설탕이 대표적이다. 그러나 이런 행위는 해결책이 되지 못한다. 오히려 다이어트를 망치고, 음식 중독에 빠진다. 스트레스를 받는다면, 30분 정도 조깅을 해 보자. 핸드폰을 내려놓고 걷는 것만으로도 명상 효과가 있다. 또 헬스장을 가거나, 바둑을 두거나, 피아노를 쳐보자. 자신이 좋아하는 것을 배워보는 계기로 삼자.

내가 좋아하는 말이 있다. 하버드 대학교의 윌리엄 제임스가 한 말이다. "행동과 감정은 서로 연관되어 있다. 우리의 의지로 행동을 통제할 수 있으며, 감정도 영향을 받는다. 즐거운 기분이 들지 않는다면, 이미 즐거운 사람처럼 행동하라."* 링컨도 말했다. "행복해지겠다고 마음먹은 만큼 행복해진다." 윌리엄 교수와 링컨의 말이 옳았다. 우리를 불행으로 몰아넣는 것은 외부 상황이 아닌 우리 자신이었다.

* James, W. (2007). The principles of psychology (Vol. 1). Cosimo, Inc..

15
불공평

공평함이 없다는 것을 알면 멘탈이 강해진다

TV를 보는 것이 싫었다. 나는 이렇게 고생하며 살려고 돈을 버는데 연예인들은 놀면서도 돈을 쉽게 버는 것 같았다. 요리 경력이 많은 사람이 차린 레스토랑도 언제든지 폐업할 위험을 가지고 살얼음판을 걷는데, 연예인들은 이런 위험 부담도 없이 즐기는 모습이 공평하지 않다고 생각했다. 생계를 위해 자신의 직종에 열중하는 사람들에 비해 단지 체험만 하며 돈을 쉽게 버는 모습에 세상이 불공평하다고 생각했다. 정치인, 기업인들 사이에서 뇌물이 오고 간다. 재벌 2세, 3세들이 유학을 하러 간다. 슈퍼카, 집, 친구, 인맥 모든 것을 가졌다. 유명 연예인들이 불법행위를 저지르다 걸린다. 몇 달 자숙하고 다시 방송에 복귀한다. 너무 불공평하다.

- 세상과 인생은 원래 불공평하다

우리는 타인의 성공을 인정하지 않으려고 한다. 그들이 유명해진 이유는 단지 운이 좋기 때문이라고 생각한다. 아름답고 멋진 외모 때문이라고 생각한다. 그저 부모와 좋은 환경을 만났기 때문이라고 생각한다. 단순히 운일 수도 있지만, 사실 우리는 성공의 이면을 모른다. 별 볼 일 없거나 차이가 없게 느껴지는 겉모습과는 달리 속은 경험과 노력이 꽉 들어차 있다. 우리는 시기와 비교의 대가들이다. 잘나가는 사람들을 보며 부러워하고 시기한다. 현재 자신의 삶과 그들의 삶을 비교한다. 불공평하다는 생각이 들기 시작한다.

그러나 사회는 원래 불공평한 곳이다. 헌법에는 법 앞에 모든 국민은 평등하다고 권리를 명시하고 있지만 그럼에도 사회적 신분, 출신, 정치적 성향이 평등에 영향을 준다. 공평한 법에 따라 일반인은 한 번의 범죄로도 사회생활이 불가능해진다. 사회적으로 '낙인'이 찍히기 때문이다. 그러나 연예인, 재벌, 정치인들은 몇 번이나 범죄를 저지르고도 잘 산다. 초호화 변호인단을 꾸려 법의 허점을 찾는다. 입맛에 맞게 법을 해석해 빠져나간다. 자숙하거나, 뒤에서 영향력을 행세하다 다시 슬금슬금 나온다.

기회나 결과가 불공평하다고 생각할 수 있다. 대학교 입시 전형 중 특별전형이 있다. 사회적인 약자 계층에게 대학교에 입학할 기회를 주는 것이다. 철저한 내신 관리와 논술, 수능 공부로 치열한 노력을 한 학생들도 대학교에 입학 못 하기도 한다. 이럴 때 특별전형으로 입학한 친구들을 보면 괴리감이 느껴지기도 한다. 운 좋게 정원 미달로 들어온 학생들에게도 마찬가지다. 그래서 이들을 멀리하게 된다. 은연중 차별한다. 정당하고 공평하지 않다고 생각한다.

같은 직무에서 월급이 차이가 나기도 한다. 특정 직군에 성별 비율이 균형 잡히지 않는다. 인종 차별이 있다. 풍족한 환경 덕분에 양질의 교육을 받는다. 돈이 많으면 좋은 의료 서비스를 누릴 수 있다. 몸이 불편하면 사회 활동에 제약이 된다. 불공평함은 분명 존재한다. 불공평함을 느끼는 사람은 타인보다 부족한 것이 많다고 생각한다. 인터넷에 악플을 단다. 시기하고 질투하며, 노력의 대가가 과장되어 있다고 생각한다. 소수의 사람들은 '대의', '정의', '민생'을 위한다는 말로 자신의 욕심을 포장한다. 그리고 불공평함을 부르짖는 이들을 자신의 배를 채우기 위해서 이용한다.

- 불공평함은 시선을 외부로 향하게 한다

알랭 드 보통은 인간에게는 사랑받고 싶은 욕구가 있다고 했다. 더 많은 것을 가지고, 더 높은 계층으로 오르려 하는 이유다. 외적으로 멋지고 잘사는 모습이 타인의 존중을 불러온다. 존중은 관심과 사랑이다. 더 많은 것을 가지고 누리는 사람과 자신을 비교한다. 시기하고 질투한다. 데일 카네기도 모든 인간은 존중받기를 바란다고 했다. 존중받지 못하고 사랑받지 못하면 불만족스럽다. 불공평하다고 느끼면 타인과 서슴없이 싸운다. 악플도 단다. 결점을 찾아내고 깎아내리려고 한다. 자신이 중심이 되어 공평과 불공평을 주관적으로 판단한다.

불공평함은 우리의 시선을 외부로 향하게 한다. 주변 사람,

환경과 비교하며 불만족을 느끼게 만든다. 사랑과 존중을 받고 싶은 욕망에 우리는 너무 자주 타인을 관찰한다. 어떤 행동을 하는지, 무엇을 가졌는지, 어떤 삶을 사는지 보고 비교한다. 비슷한 사람에게는 경쟁심이 느껴진다. 그러나 너무 동떨어진 수준을 가진 사람에게는 비교하고 싶은 마음조차 생기지 않는다. 불공평하다는 것을 느낄 때 우리의 시선은 내부가 아닌 외부로 향한다. 비교하고 경쟁한다. 『톰 소여의 모험』, 『허클베리 핀의 모험』 등의 걸작을 쓴 미국의 소설가 마크 트웨인은 "비교는 행복의 죽음"이라고 했다. 우리는 스스로 행복을 죽이고 있다.

- **시기, 질투, 열등감을 느낀다.**

같은 시기에 입사한 동기가 자신보다 먼저 승진한다.

- **부정적인 고정관념이 생긴다.**

부자, 연예인들이 타락하고 탐욕스럽다고 생각한다.

- **좌절감과 무기력감을 느낀다.**

실패를 경험한 후 타인처럼 성공하기는 어렵다며 포기한다.

- **불안, 우울, 스트레스를 겪는다.**

불공정한 대우를 받고 피해를 본다고 느낀다.

• 동기부여와 도전 욕구를 낮춘다.

노력해도 안 된다며 현실적으로 살자고 생각한다.

• 자존감을 깎는다.

자기 능력을 신뢰하지 않게 된다.

• 인간관계에 부정적인 영향을 준다.

시기 질투로 가까운 사람과 틀어지게 된다.

시선이 외부로 향할 때 행복하지 않다. 시기심이 내면의 가시처럼 숨어 있다. 가까운 사람의 성공을 진심으로 기뻐해 주지 않는다. 축하한다는 거짓 미소 뒤에는 질투와 시기심 그리고 분노가 들끓게 된다. 자신은 노력해도 안 되는데, 친구는 잘나간다. 내가 누릴 행복을 빼앗아 갔다고 생각하게 된다. 비교하며 자신의 부족한 점을 찾는다. 그러나 개인이 느끼는 불공평함은 대부분 생각이고 주관이다. 현실을 바꾸기 위한 영향력과 통제력을 갖추지 못한 외침은 공허할 뿐이다. 현실을 바꾸려면 할 수 있는 것을 하고, 힘을 키워야 한다. 천천히, 나의 세상에 대한 영향력을 넓혀 가는 것이다.

- 공평함은 내부에서 찾아야 한다

마틴 셀리그만은 불공평한 상황을 지속해서 경험한 개인은 무기력함과 통제력 상실을 경험한다고 했다. 모든 게 불공평하다는 생각이 가장 큰 문제였다. 자기 신체, 감정, 생각, 환경, 상황 나아가 삶이 뜻대로 흘러가지 않는다고 느껴진다. 자신은 이 상황을 바꿀 수 있는 능력이 없다고 생각한다. 무엇을 선택하든 자신은 피해만 보게 될 거라고 믿는다. 의지, 끈기를 상실하게 된다. 통제력을 잃은 개인은 생각하기를 멈춘다. 그저 흘러가는 대로 불평만 하면서 살 뿐이다. 그럼에도 불공평함에 사로잡힌 피해자에서 탈출할 기회는 얼마든지 있다. 나만의 노력과 방법으로 공평해져야 한다.

• 집중하라.

당신은 지금까지 무엇을 성취하기 위해 노력했는가? 삶의 목표는 무엇이고, 왜 집중해야 하는가. 뒤를 돌아보며 지금까지의 성공과 노력을 존중해야 한다. 자신이 이루고자 하는 목표에 집중하라.

• **인정하라.**

타인이 자신보다 더 뛰어나거나 많은 것을 가졌다는 것을 인정해야 한다. 그들에게서 어떤 배울 점이 있는지를 찾아봐야 한다. 그들의 장점을 흡수하여 자신의 발전 무기로 삼아라.

• **감사하라.**

우리는 자신의 부족한 부분에 저절로 눈이 간다. 비교는 피할 수가 없다. 대부분은 자신보다 더 나은 사람과 비교하려고 한다. 그러나 가끔은 아래를 바라볼 필요도 있다. 자신이 얼마나 많이 가졌고 행복한 삶을 사는지 느낄 수 있다. 일상에서의 소소한 감사를 실천하는 것도 좋다.

• **성장하라.**

세상이 불공평하다는 생각을 깨고 자신에 대한 긍정적인 이미지를 회복하자. 독서, 운동, 세미나, 모임에 참여하라. 자신이 얼마나 좁은 세상에 앉아 불평만 했는지 깨닫게 된다. 특히 자의로 선택한 독서는 당신의 능력을 개화시키는 것에 탁월한 도움이 된다.

• **끊어내라.**

SNS는 인간의 보상 심리를 자극하는 도구다. 목적성 없는 무분별한 SNS 탐방은 우리의 시간과 돈을 갉아먹는다. 또 자신의 삶이 얼마나 멋진지 보여주는 데 초점이 맞춰져 있기에 SNS는 항상 나와 타인을 비교하고 부러워하게 만든다.

• **축하해라.**

타인의 성공에는 분명 우리가 알지 못하는 노력이 숨겨져 있다. 작거나 큰 노력이 지금의 성과를 만들어 낸 것이다. 타인을 진심으로 축하해 주는 사람만이 그들이 어떤 무기를 가졌는지 알 수 있다. 반대로 자신이 성공했을 때도 타인에게 진심으로 축하받을 수 있다. 그러니 타인을 경쟁자로 생각하지 말라. 팀으로 같이 성공을 향해 나아가는 동료라고 생각하라.

• **학습하라.**

완벽한 사람은 더 이상 성장하지 않는다. 자신이 완벽한데 더 배울 점이 있다고 생각하겠는가. 인생도 지루하다. 그러나 불완전한 것은 개선하고 발전할 수 있다는 뜻이다. 지금보다 더 성장할 수 있다는 의미다. 얼마나 흥미진진한가.

• 존중하라.

불공평함을 경험할 때, 우리는 무능력하며 가치가 없다고 느낀다. 부정적인 정서를 경험한다. 그러나 어떤 상황이든, 당신은 그 자체로 존중받을 가치가 있는 사람이다. 마찬가지로 타인을 부정적으로만 생각하지 말아야 한다. 그들도 나름의 사정이 있으며, 존중받고 싶은 욕구가 있다.

• 공평함을 찾지 말라.

한마디로 형평성을 따지지 말라는 의미다. 모든 상황에서 똑같은 조건이 적용되는 것은 오히려 비현실적이다. 당신에게도 당신만의 사정이 있듯, 타인에게도 타인만의 사정이 있다. 형평성을 잣대로 자신만의 기준을 들이밀며 기대하지 말아야 한다.

마지막으로, 열등감과 자존감의 균형이 중요하다. 균형 잡힌 사람들은 자신을 과하게 드러내려고 애쓰지 않는다. 타인과 비교하거나 우월감을 갖지 않는다. 특별한 사람이 아닌, 남들과 똑같은 사람으로 생각한다. 자신을 있는 그대로 받아들이고, 부족한 점을 포용하고 개선하려고 노력한다. 그렇기에 타인과의 관계에 불편해하지 않고 불안해하지 않는다. 그러니 당신 또한 이제는 균형 잡힌 사람이 되어야 한다.

16

시선

—

왜 자꾸 내가 아닌 타인의 시선을 생각하며 살아갈까?

우리는 타인의 시선을 신경 쓴다. 좋은 의미에선 사회에 잘 적응하는 행동이라고 할 수 있다. 그러나 과도하게 타인의 시선을 의식하다 보면 자신의 삶을 주도적으로 살 수가 없다. 좋은 평가와 인상을 받고 싶은 마음에 집착하다 보면 놓치는 것들이 많아진다. 따라서 자신이 타인의 시선을 의식하는 이유를 이해해야 한다. 궁극적으로 주체성과 자유를 되찾을 방법을 통해 삶의 주도권을 되찾아야 한다.

길로비치 박사는 타인이 자신에게 주목하고 있다는 과도한 자기중심적인 경향에 대해 말했다. 이를 '스포트라이트 효과'라고 한다.* 그룹 프로젝트에서 실제보다 자신의 기여도가 더 크다고 생각한다. 길을 가다가 넘어질 때 사람들의 시선이 자신에게 향하는 기분이 들어 창피함을 느낀다. 자신이 좋지 않은 평가를 받을까 봐 끊임없이 불안해한다. 주관적인 생각과 느낌에 너무 집중한 나머지 타인의 진짜 의도와 관점을 왜곡한다. 사실과 무관하게 상황을 잘못 파악한 채로 행동하게 된다.

듀크 대학교의 교수이자 심리학 박사인 마크 R 리어리는 타인의 시선이 얼마나 영향력이 있는지 연구했다.** 실험 참가자들은 자기 능력, 외모, 경제력, 사교성, 도덕성에 대해서 스스로 자신을 평가하도록 요구받았다. 영역별로 자신을 긍정적으로 평가한 사람은 타인에게도 긍정적인 피드백을 기대했다.

* Gilovich, T., Medvec, V. H., & Savitsky, K. (2000). The spotlight effect in social judgment: an egocentric bias in estimates of the salience of one's own actions and appearance. Journal of personality and social psychology, 78(2), 211.

** MacDonald, G., Saltzman, J. L., & Leary, M. R. (2003). Social approval and trait self-esteem. Journal of research in personality, 37(2), 23-40.

반대로 자신이 부족하다고 느끼는 영역은 타인에게도 좋지 않은 평가를 받을 거로 생각했다.

어린 시절에 부모에게 '거절'을 많이 당한 경험이 있을수록 타인의 시선을 신경 쓴다. 욕구를 표현했을 때 거절을 당하면 내면에 수치심과 좌절감이 쌓인다. 이를 해결하기 위해서 타인의 인정과 칭찬을 갈구하게 된다. 그래서 늘 인간관계에서 불안감을 느낀다. 좋은 사람처럼 보이기 위해 사회적인 가면으로 자신을 포장한다. 누가 진짜 자기 모습을 알까 전전긍긍한다. "뭘 좋아하는지 모르겠어, 네가 하는 건 다 좋아."라며 거절을 못 하는 착한 아이가 되거나, 완벽주의자가 되거나, 자신의 우월성을 인정해 줄 사람을 찾는 우월주의자가 된다.

심리학자 에리히 프롬은 인간은 고립이라는 고통스러운 느낌을 피하고 생존을 위해서 본능적으로 타인을 필요로 한다고 했다. 타인과 동질감을 느끼고, 연결됨으로써 우리는 소속되어 있다는 안정감을 받는다. 과거, 가장 최악의 형벌은 사형이 아닌 추방이었다. 추방된 개인은 홀로 황야를 쓸쓸히 떠돌다가 맹수의 습격을 받거나 병에 걸려서 죽었다. 따라서 기존 사회에 잘 적응한다는 것은 안전과 소속, 즉 생존을 위해 평가에 민감하게 반응하여 타인의 눈 밖에 나지 않는 것이다.

- 타인에 대한 과도한 의식이 행복을 빼앗아 간다

우리는 타인의 시선에 너무 몰두한 나머지 자신의 머리끝부터 발끝까지 타인에게 어떻게 평가받을지 걱정한다. 옷은 어떤지, 머리는 어떤지, 심지어 모공의 개수도 신경 쓴다. '특이한' 행동을 할 때는 더 심각해진다. 조금 튀는 옷을 입고 거리를 나설 때 다른 사람들의 시선이 느껴지며 부담스럽다. 혼자 밥을 먹을 때 '내가 처량하게 보이지 않을까?'라며 걱정한다. 안 그래도 바쁜 삶에서 정신력이 남아나질 않는다.

타인의 시선과 평가를 통해 자신을 보는 것에 익숙해지면 좋지 않은 습관들이 생긴다. 나의 의견과 욕망보다 타인의 것을 우선시한다. 모든 행동을 지인에게 물어보고 평가받는다. 좋아하는 옷도 타인이 별로라고 하면 집어 던진다. 여행지의 로컬 음식점을 가보고 싶어도 리뷰가 좋지 않아 가지 않는다. 일상의 모든 것이 타인에게 영향받는 삶을 산다. 한 실험에 따르면 행복에도 영향을 받는다. 자신이 아무리 좋은 경험을 했어도 타인이 좋지 않은 경험이라고 하면, 행복감이 감소한다는 것이다.

타인의 시선에 과도하게 몰두하면 더 이상 '나'는 없다. 좋은 평가를 듣기 위해 헌신한다. 아무리 힘들고 지쳐도 타인의 부탁을 거절하지 못하게 된다. 자신이 하고 싶은 것이 있어도 뭐든 괜찮다며 타인을 먼저 배려한다. 갈등을 극도로 두려워해서 모든 것을 맞춰준다. 자신이 희생하면 모든 문제가 풀린다고 생각한다. 좋은 평가와 칭찬을 듣기 전까지 상대방의 만족을 위해서 행동한다. 심지어 자기 행동도 바꾼다. 그러나 이처럼 자신의 인생과 행복을 타인에게 넘겨주는 삶을 살면 결국 행복에서 점점 멀어지게 된다.

타인의 시선을 과도하게 신경 쓰는 사람들은 다음과 같은 특징들이 있다.

감정, 행동, 생각에서 타인의 평가를 자신의 가치로 생각하고 지배당한다. 자신이 충분하다는 느낌을 받지 못한다. 자신을 깎아내린다. 힘든 문제에 직면했을 때 해결하지 않고 핑곗거리만 찾으려고 한다. 의존적이고 책임감이 없다. 자기 합리화를 한다. 타인과 환경 탓만 한다. 비판을 받는 것에 극도로 불안해한다. 꿈과 목표가 선명하지 않다. 감정에 솔직하지 못하다. 피해를 당해도 참는다.

• 왜곡하고, 개인화하지 마라.

인간관계에 심각한 문제가 있다는 사람의 대부분은 타인의 말과 행동을 왜곡해서 받아들인다. 프로이트에 따르면 불안과 부정적 자아가 있는 사람은 이를 다른 사람에게도 적용하여 판단한다. 이를 투사라고 한다. 투사를 하면 기분이 좋지 않은 날 어쩌다 시선을 마주친 상대방을 보고도 '왜 저렇게 날 쳐다보지? 신경이 거슬리게.'라고 생각한다. 일상적인 것에 너무 과도한 에너지를 쏟고 있는 것이 아닌지 한 번쯤은 다시 고려해봐야 한다.

• 자기 주장을 두려워하지 마라.

자신을 주장한다는 것은 나의 내면과 외면을 연결하는 행동이다. 우리는 자신이 적절하다고 판단한 행동을 통해 타인에게 자신을 인식시킨다. 내면세계를 적절히 반영하지 못한 행동과 말은 자신이 아닌 것 같은 느낌을 들게 한다. 그러므로 내면의 고유하고 창의적인 개성을 외부로 표현해야 한다. 다른 사람과 똑같이 되려고 하지 마라. 사회적인 맥락 속에서 최대한 자기를 주장해야 한다. 천편일률적인 사회보다, 창의성과 개성을 가진 사람들이 연대를 통해 협력하는 사회가 더 튼튼하고 건강하다.

• 회피하지 말고 의식하라.

타인의 시선을 과도하게 의식하는 사람은, 때때로 의도적으로 자신의 내면의 소리를 외면한다. 이를 통해 당장 자신의 부정적인 감정과 죄책감, 불안을 회피할 수는 있다. 그러나 결과적으로는 진짜 자신이 원하는 삶과 동떨어진 자신에게서 모멸감, 후회, 그리고 괴리감을 느끼게 된다. 자기 생각, 욕구, 감정을 의식하고 존중하는 사람이 자신의 삶뿐 아니라 타인 또한 진정으로 존중할 수 있다.

• 비난과 비판을 구분하고 두려워하지 말라.

누구에게나 좋은 사람이 되고 싶은 거짓된 '착한 아이'는 버려야 한다. 착한 아이의 내면에는 상처와 거절을 받고 싶지 않아 두려움에 벌벌 떠는 낮은 자존감이 있다. 착한 아이는 모든 사람에게 인정받고 칭찬받고 싶어 다른 사람들이 자신에게 잘못된 행동을 해도 그저 웃으며 자신을 희생할 뿐이다. 하지만 무례한 사람에게 "당신의 행동은 나에게 좋지 않은 영향을 준다."라고 당당하게 말할 줄 알아야 한다. 높은 자존감을 갖는다는 것은 비판받기 또한 두려워하지 않는 것이다. 또한 건설적인 비판은 당신을 더욱 발전시키기도 한다.

• 가치를 내면에서 찾아라.

건강한 자존감을 가지지 않은 사람들은 늘 중요한 부분이 빠진 느낌에 시달리고 스스로에 대한 신뢰가 없다. 눈에 보이는 것들에서 자기 근원을 찾는다. 넓고 높은 집, 비싼 스포츠카, 외모, 인맥, 학벌 등에서 자존감의 기반을 쌓아 올린다. 하지만 타인이 높은 가치를 부여한 것들에 목을 매면, 공허하고 안정감이 들지 않는다. 게다가 내면이 아닌 외면에 쌓은 실체없는 자존감들은 타인을 더욱 의식하도록 우리를 중독시킨다. 타인의 평가는 분명 우리에게 영향을 준다. 그러나 실존적으로 자존감이 높은 사람은 타인의 시선과 평가에 덜 영향받는다.

• 남 탓을 하지 말고 도전하라.

심리학자인 칼 로저스의 말처럼 자신의 인생은 자신이 주도하고 책임져야 한다. 그렇지 않은 사람들은 타인에게 노예처럼 종속되고 의존적인 삶을 산다. 실패를 환경 탓으로 돌리고, 자신은 무능력하다고 생각한다. '남'이 주체가 되면 평생 타인의 시선에서 벗어날 수 없다. 자기 책임을 실천해야 한다. 삶은 나의 선택이 만든다. 이를 위한 독립성을 강화해야 한다. 생산적인 일을 통해 정당한 대가를 받는 경험을 쌓아라. 그것이 아주 작은 일이어도 도전해야 한다. 나아가 실패를 통해 인생의 경험을 쌓고 보완해야 한다.

• 타인과 자신의 경계를 정하라.

자신이 어떤 사람인지 아는 사람은 가치관도 확립되어 있다. 무엇을 좋아하고, 어떤 의미 있는 삶을 살고 싶은지 의식적으로 알고 있다. 이를 기반으로 경계를 정해야 한다. 타인이 너무 많은 일을 부탁해서 힘들거나, 혹은 가족의 중대사 같은 중요한 일이 있을 때 "안 되겠습니다, 혹은 시간이 없습니다."라며 정중하게 거절하고 경계를 설정하라.

• 목표를 확립하고 실천하라.

아인슈타인은 "목표가 없는 사람은 어디로 가는지 모르는 사람이다."라고 했다. 목표는 삶의 이정표와 같다. 이 말, 저 말에 휘둘리며 방황하는 삶은 만족스럽지도 않고 행복하지도 않다. 자신만의 목표를 설정하고 성취하는 경험을 통해 삶을 주도적으로 살아갈 수 있다. 타인의 말과 시선에 휘둘리지 않으며, 인생을 더 만족스럽게 가꿀 수 있다.

17

휴리스틱

—

삶의 만족도를 높이려면 게으른 뇌를 움직여야 한다

휴리스틱heuristics(어림짐작 또는 단순화하기)은 일상생활에서 중요한 역할을 한다. 편리하고, 빠른 의사결정을 내리기 때문이다. 그러나 단편적인 정보와 편견에 가득 찬 휴리스틱은 우리에게 피치 못할 실수를 범하게 한다. 손실을 메꾸기 위해 돈과 시간을 더 투자하게 만든다. 겉모습만 보고 상대방을 판단하게 만든다. 대표성, 가용성, 프레이밍과 같은 휴리스틱을 이해하고 극복하면, 빠른 의사결정에만 의존하는 게으른 뇌를 움직일 수 있다.

- 우리를 움직이는 두 종류의 뇌

심리학 박사인 대니얼 카너먼은 인간의 뇌에는 두 개의 시스템이 존재한다고 했다.* 첫째는 빠른 뇌이다. 빠른 뇌는 자동적이고 직관적이다. 즉각적인 행동과 판단을 하게 만든다. 어릴 적 무심코 촛불에 손을 넣고 화상을 입은 이후로 다시는 촛불에 손을 대지 않는다. 예시처럼 빠른 뇌는 경험을 통해 사물을 인지하고 판단하게 한다. 둘째는 느린 뇌이다. 분석적이고 논리적이다. 생각하기 위한 의도적인 노력이 필요하다. 미적분 문제를 풀려고 머리를 싸매거나 고 생각한다. 개념을 머릿속에서 끄집어낸다. 즉 느린 뇌는 수학, 추론, 추상적인 사고, 복잡한 문제 등을 해결하는 뇌이다.

빠른 뇌와 느린 뇌는 상호보완적으로 움직인다. 노란 치즈가 잔뜩 올라간 약과 도넛을 보고 무심코 손을 뻗는다. 곧 다이어트 중이라는 생각이 번쩍 들면서 열량을 확인한다. 단백질, 포화지방 등 세부적인 수치를 꼼꼼히 따진다. 먹을까 말까 고민하다 다시 내려놓는다. 이처럼 빠른 뇌가 순식간에 불빛을

* Daniel, K. (2017). Thinking, fast and slow.

번쩍이면, 느린 뇌는 그 불빛을 조절하는 역할을 한다. 그러나 우리는 종종 느린 뇌가 필요한 순간에 생각하기를 멈추고 본능적으로 행동하다가 후회하기를 반복한다.

다이어트를 위해 식단과 운동계획을 짠다. 그러다 술 마시자는 친구들의 유혹에 넘어가 음주하고 안주를 실컷 먹는다. 우연히 본 값비싼 옷이 자신과 잘 어울리고 너무 예뻐 보여서 충동적으로 구매했지만 생각보다 예쁘지 않아 옷장에 넣어만 둔다. 1년 넘게 들고 있던 주식이 계속 떨어져 공포에 전부 매도했다. 하지만 매도하고 얼마 지나지 않아 순식간에 상승한다.

뇌는 게을러 에너지를 아끼려고 생각하지 않는 습관이 있다. 경험을 기반으로 제한된 정보 속에서 다소 성급하게 의사결정을 내려 결국 오류를 범하게 한다. 이러한 휴리스틱만 극복하더라도 신중한 판단을 내릴 수 있게 된다. 생각하는 습관을 통해 복잡한 문제를 쉽고 정확하게 이해할 수 있게 된다. 창의력도 키우고 성공하는 결정이 많아지면서 삶의 만족도가 올라가게 된다. 궁극적으로 자신을 신뢰하는 자기 효능감이 높아진다.

- 편리하지만, 오류가 가득한 휴리스틱

우리 뇌는 제한적인 정보처리 속도를 가지고 있어 세상의 모든 정보에 주의 집중할 수 없다. 당장 눈앞의 환경에서 생성하는 엄청난 정보의 양에 중요한 정보만 걸러서 받아들인다. 압축하고 추상화해서 저장한다. 일상생활에서 얼추 맞는 요소들이 있다면 거침없이 휴리스틱을 사용한다. 휴리스틱은 중요하지 않은 정보를 거르고 우리를 목적지까지 빠르게 안내하는 길잡이 역할을 한다. 만약 휴리스틱이 없다면 우리는 모든 것을 너무 신중하게 판단하느라 결정 못 하게 된다. 그러나 휴리스틱의 편리함 이면에는 피치 못할 오류들이 존재한다.

• 대표성 휴리스틱

대표성 휴리스틱은 사물과 사람을 특정 카테고리로 분류하여 판단하는 경향이다. 만약 대표성 휴리스틱이 없다면 병원에서 하얀 가운을 입은 의사를 보고 혹시 미친 과학자인지 엄청나게 고민하게 된다. 우리는 생활 속에서 대표성 휴리스틱을 가장 많이 사용한다.

확률이 반반인 동전을 던질 때 앞면이 3번 연속으로 나오면 다음에는 뒷면이 나올 거라고 예상한다. 그러나 확률은 반반이므로, 예상이 깨질 수도 있다.

로또 번호를 찍을 때, 자신만의 행운의 숫자, 자주 등장한 숫자 혹은 패턴이 없이 무작위적으로 찍은 숫자를 고른다. 8, 9, 10, 11, 12, 13보다 2, 5, 8, 22, 32, 46 이런 숫자들이 더 당첨 확률이 높아 보인다. 그러나 숫자 조합의 당첨 확률은 같다.

타인의 옷차림을 보고 어떤 일을 하고, 취미는 무엇인지, 생활은 어떨지 예측한다. '관상은 과학'이라며 인성과 미래까지 예측하려고 한다. 그러나 멋진 슈트를 입고 깔끔한 외모를 가진 사람이 조직폭력배였다. 염색과 문신을 하고 인상이 좋아 보이지 않는 사람이 유기견 보호소를 운영하는 마음 착한 원장이었다.

• 가용성 휴리스틱

가용성 휴리스틱은 쉽고 빠르게 떠오르는 정보와 느낌을 믿는 것을 말한다. 대니얼 카너먼과 아모스 트베르스키는 한 가지 실험을 하였다. 한 그룹에는 1부터 8까지 숫자를 차례대로 곱한 결과를 말하도록 요청하였고, 다른 그룹에는 8부터 1까지 숫자를 차례대로 곱한 결과를 즉각적으로 말하도록 했다.* 첫째 그룹은 1,000 미만의 수를 정답으로 말했다. 반면 둘째 그룹은 1,500~3,000 사이의 수를 정답으로 말했다. 그러나 실제 계산의 정답은 둘 다 같다.

뉴스에 비슷한 범죄가 자주 나올수록, 빈번하게 발생하는 범죄라고 판단한다. 사회가 위험하다고 생각한다.

자주 보고 접한 것을 친숙하게 인식한다. 기업은 자주 광고를 노출해 자신의 상품을 소비자들에게 친숙하게 만들려고 한다. 같은 제품을 선택할 때도 자주 본 제품이 더 좋다고 믿고 선택한다.

주식, 코인 투자로 인생을 역전한 사람의 이야기를 듣는다. 자신도 그렇게 될 수 있다고 여긴다. 손해를 입어도 그 사람의 이야기가 머릿속에 맴돈다.

• 프레이밍 휴리스틱

정보가 어떤 맥락에서 나오는지에 따라 의사 결정 과정에서 판단이 달라지는 오류다. 같은 정보라도 부정적 혹은 긍정적인

* Tversky, A., & Kahneman, D. (1973). Availability: A heuristic for judging frequency and probability. Cognitive psychology, 5(2), 207-232.

맥락에 의해 완전히 다른 해석과 의미로 받아들인다. 대니얼 카너먼과 아모스 트베르스키는 또 다른 실험을 진행했다. 사람들에게 보험 상품을 추천하며 다음과 같이 말했다. "이 보험은 사망 확률이 1퍼센트입니다. 반면 다른 보험은 생존 확률이 99퍼센트입니다." 사람들은 생존 확률이 99퍼센트인 보험을 선호했다. 하지만 실제로 사망 확률은 같은 1퍼센트이다.**

음식 포장지에 단백질 6g, 저지방, 무설탕, 저칼로리 등을 크게 강조한다. 그리고 뒤에 좋지 않은 팜유, 사카린, 방부제 등을 아주 작은 글씨로 적어 놓아 잘 읽지 못하게 만든다.

당신은 대통령이 되어 질병이 창궐한 지역 둘 중 하나를 격리해야 한다. K 지역을 선택하면 300명이 살고 900명이 확실하게 죽는다. B를 선택하면 아무도 죽지 않을 확률이 4분의 1이고 1,200명이 다 죽을 확률이 4분의 3이다. 어느 쪽을 택하겠는가?

• 후광 효과

후광 효과는 휴리스틱의 일종으로 어떤 도드라진 특성 하

** Tversky, A., & Kahneman, D. (1981). The framing of decisions and the psychology of choice. science, 211(4481), 453-458.

나가 나머지 특성을 무시해 버리는 현상을 나타낸다. 심리학자 에드워드 톤다이크는 군인들에게 자기 상급자의 외모, 지능, 성격, 리더십 등의 항목을 평가하도록 요청했다. 그 결과 한 분야에서 높은 평가를 받은 상급자는 다른 분야에서도 높은 평가를 받았다.* 사회 심리학자 솔로몬 애시도 비슷한 실험을 했다. 실험 참가자를 두 그룹으로 나누어 특정 인물의 따듯하다 혹은 얼음장 같다는 특징을 보여줬다. 긍정적인 특징을 들은 참가자들은 특정인에 대해 나머지 영역도 긍정적으로 평가했다.

신입사원 A와 B가 회사에 첫 출근을 했다. A의 외모는 잘생겼고 B의 외모는 세수를 안 해서 조금 지저분했다. A의 외모를 보고 사람들은 A가 일도 잘하고 성격도 좋고 예의도 바를 거라고 얘기한다. 그러나 사실은 정반대였다. 심지어 B는 당일까지 장례식장에서 상주 역할을 하느라 세수를 하지 못한 것이었다.

스포츠 분야에서 좋은 평판을 가진 브랜드가 있다. 그 브랜드가 새로 출시한 단백질 바도 당연히 맛도 좋고 영양성분도 좋을 거로 생각해 다른 단백질 바보다 비싸도 구매한다.

* Thorndike, E. L. (1936). The relation between intellect and morality in rulers. American Journal of Sociology, 42(3), 321-334.

- 비판해서 생각하고, 다른 관점으로 보라

사람은 자신이 아는 만큼 이해할 수 있다. 휴리스틱을 극복하기 위해선 비판적인 사고와 더불어 다양한 정보를 받아들이는 연습이 필요하다. "내 경험상, 혹은 내가 보기에~", "나는 이럴 것 같아.", "저 사람은 ~하겠지."라는 말이 나올 때 대표성 휴리스틱을 의심해야 한다. 자신의 판단이 맞는지, 혹은 예외적인 경우는 아닌지 의심해야 한다. 추가적인 상황 정보를 습득하고, 변수를 고려하고, 타인의 의사도 물어봐야 한다.

리프레이밍은 의사 결정을 내리거나 어떤 문제에 직면 했을 때, 상황을 다른 관점으로 파악하고 정의하는 방법이다. 리프레이밍을 통해 창의적인 문제 해결 방법이나 아이디어가 떠오를 수 있다. 또한 부정적인 상황도 긍정적으로 바뀔 수 있다.

• 직장에서 여러 문제로 스트레스를 받아서 짜증 나고 그만두고 싶다.
  → 이건 내 인생의 도전이며 성장을 위한 경험이 될 거야.
• 나는 건강이 좋지 않아서 그 일을 따낼 수 없어.
  → 이참에 건강을 회복하고 그 일도 할 수 있는 습관을 들

일 수가 있겠네.

- 이 문제를 나는 절대 해결할 수 없을 거야.

  → 어떻게 하면 이 문제를 해결할 수 있을까? 창의적인 방법은 없을까?

- 저 사람 옷차림을 보니 인성이 좋아 보이지 않네.

  → 내가 너무 성급하게 판단했어. 이야기를 해 보면 좋은 사람일 수도 있잖아?

이래도 휴리스틱을 극복하지 못하겠으면, 반드시 어떤 결정을 할 때 3일을 생각해 보는 습관을 지니면 좋다. 심사숙고한 이후에도 꼭 해야겠다는 결론이 나오면 한번 하는 것도 도전 경험에 또 하나의 도움이 된다.

18

습관

—

강한 멘탈은 매일의 좋은 습관에서 만들어진다

우리는 하루가 소중하다는 것을 알고 있다. 그러나 막상 아침에 눈을 뜨면 부정적인 생각과 행동으로 시간을 허비한다. 어떻게 하면 만족스러운 하루를 만들 수 있을까? 보람 있는 하루를 만드는 것은 매 순간의 선택으로 쌓인 좋은 습관이다. 선택이 좋은 습관이 되기 위해서 자신의 본질에 집중하고, 우선순위를 정하며, 변화를 믿어야 한다. 매 순간을 즐기고, 베풀고, 감사하며, 책임을 지는 습관은 만족스러운 삶을 만든다.

- 잘 살고 싶으면, 잘 살기 위한 선택을 하라

나는 왜 이렇게 살고 있는가에 대해 계속 생각해 봤다. 환경, 운명, 인생 탓을 했다. 왜 태어나서 이런 고통을 받아야 할까? 인생에서 내가 기대할 수 있는 것이 있을까? 나에게 불행만 가져다주는 것들에 집중했다. 나는 어떤 일도 해낼 수 없을 것 같은 무력감과 공허함에 휩싸였다. 여기서 더 추락할 수는 없을 것 같았다. 그러나 더 추락할 곳은 아직도 남아 있었다. 어떻게 하면 이 저주받은 인생을 바꿀 수 있을지 막막했다. 삶의 바닥에서 문득 이런 말이 떠올랐다. "생각이 행동을 만들고, 행동이 습관을 만들고, 습관은 인생을 바꾼다."

순간 머리를 강하게 맞은 것 같았다. 지금까지 내가 얼마나 부정적인 생각에 찌들었는지 돌아보게 됐다. 지긋지긋하고 불행한 일이 가득 찬 하루만 생각했다. 아침 지하철 칸마다 꽉 차 있는 사람들을 보며 왜 이렇게 우글대는지 짜증 난다고 생각했다. 그러다 눈이라도 마주치면 속으로 온갖 말들을 쏟아냈었다. 친구, 타인에게 그리고 가족에게도 마찬가지였다. 일상이 스트레스였고, 웃는 날이 드물었다. 집에서만 신경질적으로 큰소리치는 사람이 되었다. 이런 생각과 행동이 습관처럼 나와 인생을 만들고 있었다.

일단 인생이 나의 선택이었음을 인정하자 '어떻게 살 것인가'에 초점이 맞춰졌다. 오늘 하루를 어떻게 하면 좋은 하루로 만들 수 있을까를 고민했다. 너무 막연했다. 좋은 하루를 살아본 경험이 없었기 때문이었다. 그래도 의욕은 가득했기에 학원도 다녔고, 운동도 다시 시작했다. 그러나 배우고 시도해도 생산적인 느낌은 들지 않았다. 빡빡한 계획을 소화해도 하루가 채워진 기분이 들지 않았다. 답답했다. 그러다 인생을 앞서 나간 선배들의 삶이 궁금해 독서를 시작했다. 나와 비슷한 고민을 한 사람도 있고, 더 밑바닥 인생을 살았던 사람들도 있었다.

책을 읽다 보니 생생한 삶이 나에게 와닿았다. 많이 웃었고, 울었던 적도 있다. 한 권, 두 권, 열 권, 백 권. 그렇게 몇 달간 책을 읽다가 깨닫게 되었다. 큰 것부터 이루려고 하지 말고, 작은 것부터 이루는 것이 중요하다는 것을. 모든 것은 단계가 있다는 것을 알게 됐다. 좋다는 습관과 행동을 다 소화하려고 무리하지 않았다. 기상 후 감사 일기를 쓰고, 침대를 정리하고, 주 5회 운동하는 습관을 만들었다. 그렇게 사소하지만 의미 있는 습관들이 하루를 채우게 되었다 그러자 인생이 달라지기 시작했다.

- 나만의 좋은 루틴을 찾아야 한다

타이거 우즈는 자신이 골프의 제왕이 될 수 있었던 이유를 '루틴'이라고 했다. 루틴은 긍정적인 하루를 만들기 위한 각자의 습관이다. 타이거 우즈는 운동 시간, 식사 시간, 잠드는 시간을 정확하게 계획하고 그대로 행동했다. 하지만 이런 철저한 자기 통제가 적합하지 않은 사람도 있다. 좋은 하루를 만들기 위한 꼼꼼한 계획에 집착하다 보면, 행동보다 계획 세우기에 많은 에너지를 소진한다. 하루를 시작하기 전에 너무 많은 일에 압도당하면 하고 싶은 일도 하고 싶지 않게 된다.

나는 꼼꼼한 계획 세우기 좋아하지 않는다. 지킬 자신이 없기 때문이다. 대신 좀 더 색다른 방법을 사용한다. 아침에 일어나서 5분 정도 하루를 어떻게 보낼지 시뮬레이션한다. 우선 가장 중요한 우선순위를 3개 정도 뽑는다. 운동, 독서, 책 쓰기를 골랐다. 그런 다음 시간의 흐름대로 일하는 내 모습을 떠올렸다. '10시쯤이면 운동을 하고 있네. 1시나 2시쯤에는 카페에 앉아서 독서를 하고, 6시쯤에는 책을 쓰고 있겠다.' 즐기고 있는 나의 모습과 그 일을 끝마치고 나서 얼마나 뿌듯함을 느낄지도 상상해 본다. 알찬 하루를 산 나에게 오늘은 어떤 보상을 줄지 떠올린다.

잠들기 전에 5분 정도 책상에 다시 앉아서 하루를 돌아본다. 컨디션이 좋지 않은 날은 일의 효율이 떨어질 수도 있고, 계획한 일을 못 끝낼 수도 있다. 어찌 되었든 오늘 하루도 노력한 자신을 떠올려 보면서 스스로 칭찬하고 만족스러운 기분을 느낀다. 아쉬운 점이 있다면 왜 아쉬웠는지 꼭 생각해 보고 극복한 내일의 나를 상상한다 본다. 목표에 집중하지 않고 한눈을 팔았다면, 내일은 목표에 집중하고 있는 자신을 떠올린다. 중요한 것은 절대로 자책하거나 비난하면 안 된다. 돌아봄의 포인트는 개선이지 책망이 아니다.

마지막으로 내일을 보내기 위한 준비를 한다. 다음 날 해야 할 중요한 일, 달성해야 하는 목표를 떠올린다. 그리고 내일 하루를 시뮬레이션해 본다. 이렇게 하면 압박감도 없고, 스스로 몸이 움직이면서 사소한 것들에 신경을 빼앗기지 않게 된다. 시간도 효율적으로 사용하게 된다. 자신이 하는 일이 왜 중요한지 꼭 생각해봐야 한다. 내 삶에 어떻게 도움이 될까? 내가 이것을 해서 성취하고자 하는 것은 무엇일까?

• 본질에 집중하라.

자수성가한 사업가인 팀 페리스는 성공하기 위해선 본질에 집중해야 한다고 했다. 본질이란 무엇일까? 알렉산더 대왕의 매듭 일화를 떠올려 보자. 고대 프라기아의 왕 고르디우스는 자신의 전차에 풀리지 않는 매듭을 묶어두고, 그 매듭을 푸는 자는 아시아의 지배자가 될 거라고 했다. 많은 사람이 실패했다. 그러나 알렉산더는 매듭을 보자마자 단칼에 내리쳤고 매듭은 풀렸다. 겉으로 보면 풀기 어려운 문제도, 단순하게 생각하고 본질에 집중하면 정답이 보인다.

• 우선순위를 정해라.

삶은 해야 할 일의 연속이다. 너무 많은 일 속에서 우리는 압도당한다. 모든 일에는 난도가 있고, 중요도도 있으며, 투입되어야 할 에너지도 다르다. 혹은 하지 않아야 하는 일도 있다. 모든 일을 똑같이 잘하려고 하면 오히려 이도 저도 아니게 된다. 실패하고 망친다. 스트레스받는다. 우선순위를 정해서 일을 처리해야 한다. 다음을 고려해서 우선순위를 정하자. 얼마나 시급한 일인가? 나에게 중요한 일인가? 내가 할 수 있는 일인가?

• 합리화하지 마라.

합리화의 이유는 다양하다. 오늘은 금요일이니까, 오랜만에 친구가 연락했으니까, 날씨가 별로니까. 합리화한 경우 마음이 편치 않다. 왜일까? 합리화는 나와의 약속을 깨는 행동이다. 친구가 약속을 어기면 어떤 기분이 드는가? 자신을 존중하지 않는 기분에 화가 날 것이다. 마찬가지다. 자신과의 약속을 어기면 자존감의 한 축인 '자기 존중감'에 상처를 준다. 덩달아 자기 효능감에도 상처를 준다. 마음먹은 것을 달성하기 전까지 절대로 합리화하지 말라.

• 변할 수 있다고 믿어라.

가장 큰 난관은 첫 시작이다. 내가 지금 하는 게 인생에 도움이 될까? 아니면 어떤 변화가 생길까? 많은 의문이 들고, 확신이 서지 않을 수도 있다. 겨우겨우 시작해서 목표를 향해 나아가는데 원하는 결과가 나오지 않으면 또 불안해진다. 그리고 곧 다른 쪽으로 시선을 돌린다. 그러나 첫발을 내딛었다면 변화를 믿고 목표를 향해 꾸준히 가라. 장담컨대 이미 목표를 달성하고 더 높은 곳을 바라보고 있는 자신을 발견하게 된다.

• 모든 순간을 즐겨라.

예기치 못한 문제나 시련은 언제든지 닥치기 마련이다. 우리의 기대와는 다른 결과가 생기기도 한다. 인생을 건 사업이 망하기도 한다. '내 인생에서 이런 일이 생기다니 믿을 수 없어.', '절대 다시 일어설 수 없을 거야.' 이렇게 생각하면 무기력해지고 무감각해진다. 또 후회도 든다. 그러나 이것도 인생의 한 부분임을 인정하라. 그리고 객관적으로 상황을 보라. 이미 벌어진 일이다. 그렇다면 나는 무엇을 할 수 있고, 배울 수 있을지 찾아라. '좋아 다시 해 보자!'라고 외쳐라. 그리고 즐겨라. 큰 고통이 있다면 더 큰 성공이 있다. 이건 진리다.

• 매일 베풀고 감사해라.

인생은 기브앤테이크라는 말을 달고 다니는 사람이 있다. 이런 사람은 자신이 손해 보는 일은 절대 하지 않는다. 자신이 베푼 것은 무조건 기억하고 언제쯤 받을지 궁리한다. 친구 관계에서도 마찬가지다. 기회만 되면 자신이 베풀었다는 사실을 친구에게 알려주려고 한다. 이유 없이 친구에게 짜증 내고, 불편해하고 원망하기도 한다. 마음이 안정되지 않는다.

진심으로 베풀면 대가를 바라지 않게 된다. 정신적인 고통에서 해방된다. 감사함으로 마음이 가득 찬다. 심리학 저널에 실린 연구 결과에 의하면 감사함을 느끼는 사람은 면역력이 높고, 긍정적인 감정을 더 자주 느끼며, 정신이 또렷해진다. 사회생활도 잘하게 된다. 베풀고, 베풂을 받으면 감사하다는 말을 꼭 하라. 물질적인 것만이 베풂은 아니다. 작은 칭찬, 지식, 인정, 시간 등을 베풀 수 있다.

• 지나온 삶을 의식하고 책임져라.

"이건 너의 인생이야." 이 말을 들으면 불쾌하고 짜증 나는 사람이 있을 것이다. 그렇다면 아직 삶을 책임질 준비가 되지 않은 것이다. 삶을 의식하고 책임진다는 것은 어떻게 살 것인지를 의식하고, 정신적으로 독립하는 것이다. 정신적인 독립이 되지 않은 사람들은 자기 생각, 행동, 정신을 신뢰하지 않는다. 또 어떤 상황에서도 스스로를 통제할 수 있다는 것을 모른다. 그저 환경 탓만 할 뿐이다. 기억하라. 과거의 생각과 행동이 지금의 인생을 만들었다. 죽을 때까지 의존적으로 살고 책임을 회피만 할 것인가, 아니면 인정하고 성장할 것인가. 어떤 선택이 원하는 삶으로 당신을 원하는 삶으로 인도할 가능성이 높을까?

19

미루기

—

귀찮고 힘들어도 미루는 습관을 버려야 한다

삶은 도전과 고난, 그리고 변화의 연속이다. 이를 좋은 방향으로 풀어나갈 때 성장할 수 있다. 그러나 우리는 너무 귀찮고, 힘들고 두려운 나머지 행동을 미룬다. 미룰수록 자기 효능감이 다치며, 성장도 멈추게 된다. 그러니 내일이 아닌, 당장 오늘부터 시작해야 한다. 나도 할 수 있다는 성취감을 통해 미루는 습관을 극복해야 한다. 누구나 자신이 원하는 모습을 스스로 만들어 낼 수 있다.

- 미루는 습관은 자기 효능감에 상처를 준다

우리의 삶은 각자 다르다. 다른 환경에서, 다른 경험을 했기 때문이다. 태어나서 보는 세상, 자신이 만족하는 기준, 그리고 결핍을 느끼는 부분이 전부 다르다. 모든 게 완벽해 보이고 행복해 보이는 사람조차도 삶에서 만족스럽지 않은 부분은 있다.

우리는 결핍감을 느끼는 부분에서 자신의 부족함을 발견해 낸다. 그리고 변화해야 할 필요성을 느낀다. 그 느낌이 너무나 심각해, 이대로는 안 되겠다고 생각한다. 인터넷과 SNS에서 자료와 정보를 찾아 저장한다. 변화하고 싶어 긍정적인 습관도 찾아본다. 독서도 한다. 좋다는 것은 다 찾아서 한다. 그러나 막상 시작하려고 하면 다른 일이 생긴다. 갑자기 우리가 했던 큰 고민이 해결되기도 하고, 중요해지지 않기도 한다. 그렇게 미루기의 달인이 된다.

'지금도 생각해 보니 나쁘지 않네.', '나에게 변화와 도전은 안 어울려.', '변해봐야 금방 다시 돌아오지 않을까?', '그 일을 하려면 완전히 몰입해야 하는데 지금은 힘들어.', '기회는 한 번이니까 신중해야지.' 이러면서 미룬다. 하지만 우리의 자존감은 결핍감을 해소하지 못하고 미룸으로써 상처받는다. 그렇게 내면에, 자신에 대한 불안감을 키우며 자신을 신뢰하지 않게 만든다.

- 우리는 왜 미루고 살까?

우리는 미루는 습관이 자존감에 상처를 준다는 사실도 모르고 있었을 것이다. 그저 능력이 부족해서, 환경이 좋지 않아서, 나를 도와줄 사람이 없어서, 어떻게 해야 하는지 몰라서와 같은 안 되는 이유만을 찾아 회피하고 있었을 수도 있다. 그러나 행동하지 않는다면, 비슷한 일이 더 큰 문제를 가지고 찾아오게 된다. 결국 자신을 마주할 용기마저 잃어버리게 된다.

지연 행동Procrastination은 심리학에서 쓰이는 미루는 습관에 대한 용어다. 한 실험에서 미루는 행동이 어떤 사람에게 영향을 미치는지 밝혀냈다. 참가자를 두 그룹으로 나누어 한 그룹에는 일을 미루도록 지시했고, 다른 그룹에는 즉시 완료하라고 했다. 미루기를 한 그룹은 스트레스 반응이 나왔으며, 결과도 좋지 않았다. 과제에 대한 만족도도 즉각적으로 완료한 그룹에 비해 저조했다.[*] 미루면 몸도 마음도 상한다.

우리가 미루는 이유는 뭘까? 대표적으로는 다음과 같다.

- 지금보다 상황이 더 안 좋아질까 봐 불안하다.
- 가족, 주변 지인이 자신의 습관 형성에 좋지 않은 영향을 준다.
- 하고자 하는 일을 해도 꾸준히 하지 못할까 봐 걱정된다.
- 해야겠다는 생각만 하고 행동은 하지 않는다.
- 현실과 이상의 차이가 너무 크다.
- 원하는 결과가 나오지 않을까 봐 걱정된다.
- 자기 자신을 마주 보는 고통과 불편함을 피하려고 한다.
- 지금 삶에서 큰 결핍을 느끼지 못한다.
- 나의 감정, 생각, 행동이 현실적이지 않다고 생각한다.
- 나를 도와줄 사람이 나타나기만 기다린다.
- 내일은 반드시 그 일을 할 수 있을 거로 생각한다.
- 실패할까 봐 두려워서 행동하지 못한다.
- 너무 복잡하고 해결책이 보이지 않는다.

* Steel, P. (2007). The nature of procrastination: a meta-analytic and theoretical review of quintessential self-regulatory failure. Psychological bulletin, 133(1), 65.

- 완벽하게 그 일을 끝낼 수 없을까 봐 시작하지 않는다.
- 문제를 내 능력으로 해결할 수 없다고 생각한다.

보다시피 이유는 다양하다. 그러나 그 이유가 무엇이든 미루는 습관은 중요한 인생의 전환점에서 선택의 자유를 빼앗는다. 성장하고 변화하는 삶 대신 정체되고 생존을 위한 인생만이 남게 된다. 더 이상 삶을, 자신의 인생을 미루지 말자. 그래야 자신이 원하는 큰 성장을 이룰 수 있다. 이를 도와줄 방법을 소개한다.

- 미루는 습관을 고치는 방법 5단계

• 1단계: 미루는 습관을 바꿔야 할 필요성 느끼기.

자신이 변해야 할 필요성을 느끼지 못하는 사람들은 타인이 아무리 잔소리해도 바뀌지 않는다. 자신이 진정으로 바뀌고자 하는 마음이 들 때 우리는 변화에 대한 마음을 열기 시작한다. 자신이 왜 바뀌어야 하는지 이유를 적어보고, 필요성을 적어 본다. 변화한 자기 모습도 구체적으로 상상해 본다. 변화가 필요하고 좋은 것이라는 것을 각인시키고 받아들이는 단계다.

• 2단계: 어떻게 하면 변할 수 있을지 고민하기.

대부분 사람이 2단계에서 멈춘다. 변하고자 마음을 먹어도, 어떻게 해야 하는지 모르거나 효율만 추구하기 때문이다. 세상에는 변화를 실현시킨 본보기들이 많다. 그들이 공통으로 하는 말은 한결같다. "그냥 꾸준히 하라." 그러나 반드시 변화하고자 하는 것의 장단점은 짚고 넘어가야 한다. 인간관계든, 사회생활이든, 멘탈적인 부분이든, 변하고자 할 때 떠오르는 변화 전후의 장단점을 꼭 짚고 넘어가야 한다.

• 3단계: 변화를 위한 준비하기.

내가 원하는 모습이 되려면 어떻게 해야 할지 구체적인 계획을 세우는 단계이다. 하루, 일주일에 독서는 얼마나 할 것인가? 다이어트를 한다면 운동은 어떻게 할 것이고, 식단은 어떻게 할 것인가? 금연을 하기 위해서 하루에 얼마나, 일주일은 얼마나 흡연을 줄여 나갈 수 있을까? 계획은 구체적이되 현실적이어야 한다. 자신이 할 수 있는 것보다 1% 어려운 계획을 세운다. 매일, 매주, 매달, 얼마나 변하든지 상관없다. 다만 발전하기만 하면 된다.

• 4단계: 실천하기.

계획을 세웠다면 즉시 실천에 옮겨야 한다. 다이어트를 하기로 마음을 먹었으면, 오늘 당장 집 밖으로 나가 10분이라도 걷고 온다. 어제 감자칩을 한 봉지 먹었다면, 오늘은 반 봉지만 먹는다. 헬스장에 가기로 마음먹었다면, 헬스장에 등록한다. 좋은 음식을 먹기로 계획했다면, 시장에 가서 건강한 식재료를 구매한다. 나의 행동이, 내가 필요하고 선택해서 하는 것임을 꼭 기억하고 해야 한다.

• 5단계: 좋은 습관을 해치는 것에 대응하기.

'21일의 법칙'은 습관을 형성하기 위해서 21일의 시간이 필요하다는 것이다. 타당하다. 그러나 21일 이후에 습관이 다시 엉망이 되거나 더 안 좋은 습관으로 변하는 경우도 있다. 어느 정도 생활에 익숙해지면, 슬슬 자신이 절제하고 줄였던 나쁜 습관과 행동들이 생각난다. 예기치 못한 변수들도 생긴다. 그러므로 자신이 좋은 습관을 유지하는 데 방해되는 것들을 생각해 보고, 어떻게 대처할지도 생각해 놓는다.

'다이어트 중인데, 친구가 술을 마시자고 할 때가 있는데 어떻게 할까?'

→ '친구 관계도 중요하니, 모임에는 나가자. 대신 안주는 양해를 구해서 내가 직접 만든 건강한 음식으로 대체하자. 술은 남들보다 더 천천히, 그리고 4잔 이하만 마시도록 하자.'

만약 아무런 대처 방법도 없이, 모임을 나가게 된다면 '그동안 고생했으니까 오늘 한 번쯤은 괜찮겠지.'라며 합리화를 하게 된다. 즐기면서 통제력을 잃지 않는 것이 중요하다.

- 성취감이 미루는 습관을 없앤다

알버트 반두라는 높은 자기 효능감을 가지면 미루는 습관을 극복할 수 있다고 했다.* 자기 효능감은 자기 능력에 대한 믿음이다. 능력, 기술, 재능, 동기, 성취에 대한 자기 신뢰이다. 그러나 무엇보다도 그 믿음과 신뢰의 핵심은 어떤 어려움

* Bandura, A., & Wessels, S. (1994). Self-efficacy (Vol. 4, pp. 71-81). na.

도 극복할 수 있다는 자신에 대한 확신이다. 이를 키우고 유지하기 위해서는 긍정적인 성취 경험, 모델링 경험, 타인의 도움, 스트레스 해소가 관건이다.

성취감은 언제 생길까? 우리가 목표한 일을 이루어 냈을 때 행복감, 만족감을 느낀다. 더 높은 도전을 하도록 동기부여를 받는다. 충족감으로 자신의 삶을 더 이상 불행하게 보지 않는다. 스트레스 관리에도 도움을 준다. 하나의 성취 경험은 또 다른 성취 경험을 하도록 우리를 떠밀어 준다. 그래서 일상의 습관이 중요하다. 여러 작은 성취 경험들이 우리의 내면을 더 단단하게 만들어 자기 확신을 심어준다. 미루기 대신 더 큰 성취와 목표를 향해 나아갈 수 있게 된다.

• 단 한 번에 바뀔 거라고 기대하지 않기.

지금까지 좋지 않은 습관들을 단 한 번에 바꿀 수 있다고 자신을 과대평가하면 안 된다. 나쁜 습관이 자리 잡기까지 얼마나 긴 시간이 걸렸는지를 생각해 보라. 마찬가지다. 한 번에 바꾸려고 하지 말고 하나씩 천천히 바꿔나가야 한다. 좋은 습관을 들인다고 평소의 습관을, 제한하고, 절제하고, 끊는 것은 무모한 짓이다. 하지 말라는 것은 더 생각나는 법이다. 매일 조금씩, 실천할 수 있는 정도로 줄여 나간다.

• 습관 형성에 어려움이 있다는 것을 인정하기.

한 번씩은 미끄러지기 마련이다. 항상, 꾸준히, 절대, 매일, 모두라는 단어의 함정에 빠지지 말아야 한다. 상황에 따라 변하는 것도 있기 마련이고, 습관 형성의 장애물도 있기 마련이다. 이럴 때 자신을 비난하기보다 더 품어주고, 그 상황을 즐겨라. 그리고 다시 어떤 것이 자신이 원하는 삶인지를 의식하고 실행하라.

• 기대치를 낮추기.

우리는 결과에 대한 기대가 너무 높을 때가 있다. 주변 사람들의 반응, 내 인생이 달라질 거라는 믿음, 그리고 성공. 그러나 막상 생각했던 결과가 나오지 않을 때도 있다. 주변 사람들의 극적인 반응이 없을 수도 있다. 기대가 큰 만큼 실망도 큰 법이다. 기대를 조금 낮춰라. 되는 것이 아닌, 되고 난 후를 생각해야 한다. '내가 ○○을 이루고 난 후에는 어떻게 할까?' 나무가 아닌 숲을 볼 때 겸손해질 수 있다. 꾸준히 앞으로 나아갈 수 있다.

• 매 순간 충실하기.

환경이 바뀌는 것보다 사람이 바뀌는 것이 훨씬 느리다. 새로운 습관과 변화를 만드는 것은 두렵고, 귀찮고, 불편하다. 그래도 처음에는 의욕에 불타 자신을 몰아붙인다. 그러다 '이거 안 되겠다.' 하면서 포기하곤 한다. 변화와 성공이 눈앞에 있었는데 말이다. 새사람이 되겠다는 다짐은 매일 미뤄진다. 새해 계획도 마찬가지다. 매 순간 충실하겠다는 마음가짐을 가져야 한다. 그것이 아무리 작은 습관이라도 말이다.

• 도움을 청하기.

아무리 어려운 일이라도 여러 사람과 같이 나누면 쉬운 일이 된다. 자신도 미처 발견하지 못했던 새로운 관점과 도움을 받게 된다. 겉으로 완고해 보이는 사람들에게도 도움을 요청하면, 기꺼이 도와준다. 사회는 각박해 보이나 의외로 사람들은 따뜻하다. 하나라도 더 도와주고자 하는, 이타적인 사람들이 많이 있음을 기억하라.

• 독서를 통해 모델링 하기.

모델링이란 자신보다 앞서 나간 사람들의 행동, 습관, 생각을 따라 하는 것이다. 가장 좋은 방법은 독서하는 것이다. 연구에 의하면 독서를 통한 간접경험으로도 우리가 실제로 경험한 것과 같은 뇌의 부위들이 활성화된다는 것이 밝혀졌다. 앞서 나간 사람들의 책을 읽고, 그들의 마인드 셋을 흡수해라. 그러다 보면 점점 바뀌고 있는 자신을 발견하게 된다.

20
잠재의식

—

뇌는 보고 듣고 생각한 대로 믿고 현실로 만들어 버린다

누구나 마음속에 원하는 삶이 있다. 이를 이루기 위해서는 뇌를 적극 활용하고, 긍정적이고 힘이 있는 말을 사용해야 한다. 뇌는 사용하기에 따라 언제든지 변할 수 있다. 말, 행동, 생각이 뇌의 구조를 바꾼다. 원하는 삶을 상상하고, 긍정적 언어를 사용하고 행동할 때 원하는 삶에 조금씩 더 가까워진다.

- 뇌는 상상한 것을 현실로 만든다

정신과 의사이자 심리학자인 로버트 아사지올리는 인간은 자신이 원하는 어떤 것이든 창조할 힘이 있다고 했다. "상상력은 인간을 행동하게 만들며 결국 삶도 바꾼다." 그는 상상력을 통해 인간은 꿈을 찾고, 잠재력을 발견할 수 있으며, 자신이 원하는 현실도 창조할 수 있다고 했다.* 오하이 대학교의 연구에 따르면 인간은 상상만으로 근육의 약화를 막을 수 있다는 것이 밝혀졌다. 4주 동안 손을 사용하지 못하도록 고정한 실험 참가자는 손목의 힘이 45퍼센트 감소했다. 반면 손을 움직이는 상상을 한 그룹은, 손의 운동을 담당한 대뇌피질도 활성화되었으며, 힘도 감소하지 않았다.**

독서를 하면 뇌는 실제 경험한 경험한 사람의 뇌와 유사한 부위가 활성화 된다. 독서하다가 나도 모르게 푹 빠져든 경험이 있을 것이다. 주위의 소리가 들리지 않고 책에 몰입하게 된

* Assagioli, R. (1974). The act of will (Vol. 3866). Baltimore: Penguin Books.

** Clark, B. C., Mahato, N. K., Nakazawa, M., Law, T. D., & Thomas, J. S. (2014). The power of the mind: the cortex as a critical determinant of muscle strength/weakness. Journal of neurophysiology, 112(12), 3219-3226.

다. 배경과 인물들이 머릿속에서 살아 움직인다. 시간의 흐름이 왜곡된다. 온갖 상상력을 동원한다. 오감도 활성화된다. 소리가 들리고 냄새가 나기도 한다. 뇌는 책을 읽을 때도 자신이 실제로 경험한 것처럼 받아들인다. 좋아하는 책을 한 권 읽으면 여행을 한 것과 같은 기분이 느껴지기도 한다. 좋은 상상이 하기 힘들다면, 좋은 책을 한 권 읽어 보자.

뇌에는 '망상 활성계'라는 신경계가 존재한다. 뇌간에서부터 시작해 뇌 전체로 뻗어 있다. 뇌의 각성과 연관된 망상 활성계의 가장 중요한 역할은 감각 정보의 분류와 전달이다.우리가 오감을 통해 정보를 받아들이면, 이 신경시스템은 각 감각기관을 해석하여 대뇌로 전달한다. 이후 대뇌피질은 1차로 처리된 정보을 재해석하고 의미를 부여하게 된다. 만약 정보가 제대로 분류되거나 전달되지 않으면, 심각한 인지적 오류를 범하거나 주의력 결핍, 산만한 행동을 보여줄 수 있다. 따라서 망상 활성계는 중요한 정보에 대하여 주의 집중에 핵심적인 기능을 수행한다. 한편, 시각 정보는 가장 많은 부분을 차지하기에, 뇌의 대부분의 정보 해석과 의미 부여는 이미지에 큰 영향을 받는다.

자신이 불행의 씨앗이라고 상상하는 사람은 자신이 불행하다는 정보만 찾는다. 자신만큼 불행한 사람은 없다고 믿는다. 언제까지고 불행한 삶이 계속될 거라고 상상한다. 의식하지 못하는 깊숙한 곳까지 상상력의 힘이 침투한다. '절대 행복해질 수 없다.'는 망상의 씨앗을 잠재의식에 심어놓는다. 그러나 자신의 꿈과 미래를 이미지화하고 그것이 중요하다고 믿는 사람은, 뇌도 그렇게 정보를 처리한다. 실제 경험으로 인식하고 행동도 달라진다. 그렇게 '희망'이라는 씨앗을 잠재의식에 심어놓는다.

- 좋은 상상은 몸과 마음을 변화시킨다

마틴 셀리그만은 긍정적인 상상이 얼마나 중요한지 실험했다.* 1988년 서울 올림픽에서 금메달을 무려 다섯 개나 획득하고, 다양한 세계 올림픽 신기록을 경신한 선수가 있었다. 미국의 수영선수 메트 비욘디는 남다른 상상력과 잠재의식 활용의 소유자이다. 그가 다른 수영선수들과 연습하고 있을 때였다.

* Seligman, M. E. (1990). Learned Optimism□ New York. AA Knopf.

셀리그만은 수영선수들에게 평소 기록보다 더 낮은 기록을 일부러 알려주었다. 대부분의 선수는 실망하고 좌절했으나, 메트 비욘디는 아무 일도 없다는 듯 훈련을 했다. 그는 평소 훈련에서 자신은 매일 성장하고 있다는 상상을 했고, "나는 계속 이기고 있다."고 말했다.

하버드 대학교의 앨랜 랭거 교수는 호텔 청소부 84명을 A, B그룹으로 나누었다.** A그룹에는 청소에 대해 아무 말도 하지 않았다. B그룹 청소부에게는 청소가 얼마나 효과적인 운동인지를 설명했다. 예를 들어, 매트를 정리할 때는 50칼로리, 욕실을 청소할 때는 40칼로리 등이 소모된다고 설명했다. 4주 후 두 그룹의 건강 상태를 다시 확인했다. A그룹은 아무런 변화도 없었다. 그러나 B그룹은 혈압이 10퍼센트 이상 감소했고, 체중도 1kg 이상 빠졌다.

더 나아가 70대 이상의 신체 건강이 좋지 않은 사람들을 초대해 실험을 진행했다. 1979년에 1959년대와 같은 생활 환경을 만들고 몇 주간 생활하는 실험이다. 랭거 박사는 두 가지의 특별한 요구를 했다. 20년 전이 마치 지금인 것처럼 상상하고

** Crum, A. J., & Langer, E. J. (2007). Mind-set matters: Exercise and the placebo effect. Psychological science, 18(2), 165-171.

말하고, 모든 일은 자신이 직접 해야 한다는 것이다. 참가자들은 처음에는 거부감을 느꼈지만 1959년이라고 상상하고 말했으며 행동했다. 몇 주 후, 참가자들의 신체 나이를 측정해 본 결과 50대 수준의 신체 나이로 측정되었고, 건강도 좋아졌다.*

상상하고, 말하고, 보고, 듣는 것, 모든 것이 중요하다. 좋은 이미지를 상상하고, 오감으로 느끼는 것을 심상화라고 한다. 스포츠 세계에서는 대회 당일 자신의 기량을 200퍼센트 발휘하기 위해 사용한다. 경기장, 관중, 소음, 방해 요소 등을 상상하고 대처하고, 자신이 원하는 결과를 만들어 내는 상상을 한다. 좋은 성적을 내는 야구선수와 양궁 선수들의 공통점은 심상화 훈련을 한다는 것이다. 고난과 역경을 딛고 일어나 자수성가한 사업가들도 마찬가지다. 그들은 승리를 상상하지 절대 패배를 상상하고 말하지 않는다. 자신의 승리를 굳게 믿어야 한다. 잠재의식도 속을 정도로 믿고 상상하고 행동해야 한다.

* Langer, E. J. (2016). The power of mindful learning. Hachette UK.

- 한마디 말이 뇌를 바꾼다

동기부여 코치이자 행동 신경과학 연구자인 존 아사라프는 우리가 원하는 것을 상상하면 이루어진다고 했다. 그는 어려서 말썽을 일으키는 문제아였으나 원하는 것을 상상하였다. 그리고 우연이 겹쳐 자신이 꿈꾸던 것과 같은 저택에서 살고, 원하던 직업도 가지게 되었다. 후에 자신이 지금의 삶에 대한 상상을 절실히 했었다는 것을 발견하였고, 모든 행동이 필연이었다는 것을 알게 된다. 마음속으로 이미 자신이 원하는 것을 이루어 내고 있다고 상상했다. 잠재의식도 바뀌었다. 행동도 바뀌었고, 주변 사람들도 바뀌게 되었다.

그는 뇌의 리프로그래밍이 중요하다고 말했다. 리프로그래밍이란 뇌의 망상 활성계를 다시 바꾸는 것을 뜻한다. 부정적인 사람들은 생각, 말, 행동, 상상력이 부정적이었다. 망상 활성계가 부정적인 것을 중요하게 처리했기 때문이고, 또 자신이 부정적인 것만 찾으려고 했기 때문이다. 그는 뇌의 망상 활성계가 정확히 자신이 원하는 것을 찾도록 리프로그래밍을 하지 않으면 아무리 많은 자원을 가지고 있더라도 소용이 없다고 했다. 또 자신이 원하는 것으로 가기 위한 단서들도 찾을 수 없다고 했다.

우리는 말을 생각하지 않고 내뱉는 경향이 있다. 그러나 이제부턴 말을 사용할 때도 신중하게 선택해서 써야 한다. 모든 말에는 거기에 맞는 파동이 있다. 부정적인 말을 사용하면 부정적인 파동이 나온다. 긍정적인 말을 사용하면 긍정적인 파동이 나온다. 한 실험에서 외모에 자신이 없는 여학생에게 매일 긍정적인 말과 이쁘다고 말했다. 몇 달 후, 자신이 못생겼다고 생각한 여학생은 점점 자신감을 되찾았으며, 자신은 사랑받을 가치가 있다는 자기 존중도 생겼다. 실험 전과 후 외모도 극적으로 달라졌다. 양파를 키우는 실험도 마찬가지다. 긍정적인 말을 해준 양파는 건강하게 자랐고, 부정적인 말을 한 양파에는 곰팡이가 꼈으며 상했다.

언어는 선택이다. 부정적인 말은 자신이 상황을 바꿀 수 없고, 희생만 당하고 있다는 의미가 있다. 긍정적인 언어에는 자신이 상황을 바꿀 수 있으며, 인생을 개척할 힘이 있다는 것이 담겨 있다. 모든 것이 선택이다. 희생자가 될지, 해방자가 되어 인생을 개척할지는 본인의 선택이다.

• 못 할 것 같습니다. / 하지 못하겠다.

→ 안 하겠습니다.

• 할 수밖에 없어. / 해야 해.

→ 할 거야. / 할 수 있어.

• 그게 왜 내 책임인데 / 내 탓이 아니야.

→ 내 책임이야.

• 걱정 / 고민 / 불만이 있어.

→ 기회 / 해결하고 싶은 일이 있어.

• 붙었으면 좋겠다. / 됐으면 좋겠다.

→ 꼭 붙을 거야. / 그렇게 되도록 할 거야.

• 후회해. / 하지 말걸. / 왜 그랬지?

→ 내 선택이야. / 다음에는 신중해지자.

• 망했다. / 어떡해.

→ 지금 내가 할 수 있는 일이 뭐지?

• 완전 큰일 났다!!

→ 진짜로 큰일인가? 사실 조금 걱정되고 불편해서 그런 건 아닐까?

우리는 모두 놀라운 잠재력을 갖고 있다. 부정적인 말에는 불안과 두려움, 자신은 상황을 바꿀 힘이 없다는 의미가 숨겨져 있다. 사소한 일에도 난리를 치고 호들갑을 떨면 잠재의식은 사소한 실수와 실패를 극단적으로 받아들인다. 이제 어떤 차이가 있는지 눈치챈 독자들도 있을 것이다. 부정적인 말에는 힘이 없다. 말의 사소한 차이가 힘을 주기도 하고, 빼앗기도 한다. 힘을 주는 말을 사용하면 잠재의식도 바뀐다. 우리의 위치도 달라진다.

- 지금 원하는 삶을 살라

지금 환경과 상황이 어떻든 원하는 삶을 사는 연습을 해야 한다. 자신이 원하는 삶을 상상하고, 그리고, 말하고, 잠재의식에 새겨 넣어야 한다. 만약 어떤 삶을 살아야 할지, 어떻게 살아야 할지 모르면 다시 강조하지만, 책을 읽어라. 불굴의 의지와 정신으로 고난을 극복하고 성공한 거인들의 발자취를 보라. 그들의 삶을 또 상상하라. 우리의 뇌는 거대한 도서관과 같다. 경험한 것은 쉽게 떠올린다. 스탠퍼드 대학교에서 실험 참가자들에게 자신이 원하는 음식을 떠올리라고 했다. 그러자 아무것도 없는 위에서 소화액이 나왔다. 떠올리면 몸이 반응한다. 원하는 삶을 계속해서 떠올려라. 꿈에서 나올 정도로 떠올려라.

• 나는 어떻게 살 것인가를 정의하라.

인생에는 방향성이 필요하다. 나는 어떤 사람이며, 무엇을 좋아하고, 잘하는가? 내가 중요하게 생각하는 가치는 무엇인가? 나의 목표는 무엇이고, 나는 이 목표를 어떻게 이룰 것인가? 나는 어떤 '가치'를 생산해 낼 것인가?

• 생각하고 고민하고 탐구하라.

세미나, 독서, 온라인 강의 등 다양한 경로로 자신보다 먼저 꿈을 이룬 거인들을 만나보라. 자신의 가치관과 인생관이 계속 변하는 것이 느껴질 것이다. 당연하다. 확신이 들 때까지 생각하고 고민하고 탐구해야 한다.

• 자신의 미래를 상상하라.

확신이 들었다면 행동해야 한다. 일어나서 5번, 자기 전에 5번 노트에 자신의 꿈을 써본다. 노트에 쓰면서 생생하게 자신이 꿈을 이룬 모습을 상상해 본다. 누구와 함께 있고, 무엇을 하고 있는가?

• 당장 행동하고 반복하라.

나의 꿈을 이루기 위해 지금 나는 무엇을 해야 할까? 구체적으로 떠오르지 않아도 된다. 단편적인 느낌이나 아이디어가 떠오르면 즉시 실행하고 반복한다. 주의할 점은 최소 3주, 혹은 특정한 목표를 설정해야 한다. 포기하고 싶고 권태기가 와도 반복해서 목표를 달성한다. 그리고 목표를 이룬 시점에서 다시 다른 목표를 설정한다.

예) 꿈을 위해 인스타그램을 키우는 것이 중요해 보여. → 그렇다면 인스타그램 팔로워를 1천 명 달성해 보자. 그러기 위해서는 뭐가 필요할까?(퍼스널 브랜딩, 모델링)

• 나는 매일 조금씩 모든 면에서 더 좋아지고 있다.

이상과 현실의 괴리가 클수록 거부감이 든다. 고도비만인 사람이 거울을 보며 "나는 건강하고 멋진 몸을 가졌어."라고 하면 당연히 거부반응이 생긴다. 프랑스의 약사 에밀 쿠에는 환자들에게 약의 건네면서 "약은 효과도 좋고, 당신은 매일 조금씩 더 건강해질 겁니다."라는 말을 했다. 심지어 어떠한 약도 듣지 않는다는 병을 가진 환자에게 약을 주며 같은 말을 했더니 증상이 호전되었다. 이를 계기로 에밀 쿠에는 심리학자의 길을 걷게 된다.

"나는 매일 조금씩 모든 면에서 더 좋아지고 있다." 이보다 더 좋은 말은 없다. 지금은 별로더라도, 나의 미래는 더 찬란할 것이라는 뜻을 품고 있다. "나의 오늘은 어제보다 점점 더 좋아지고 있다." "나에게 감사한 일들이 매일매일 더 생겨나고 있다." 꿈을 이룬다는 것은 게임을 하는 것과 똑같다. 퀘스트를 해결하고, 몬스터를 잡고, 경험치를 쌓으며 등급을 올려야 한다. 그렇게 언젠가 최대 레벨에 도달해 있는 자신을 발견하게 된다. 언제나 당신은 준비가 되어 있다. 이제 인생의 횃불을 밝힐 차례다.

4장

누구나 멘탈종결자 되는 시크릿 IV

21

알아차림

—

부정적인 생각이 들 때 생각과 감정을 알아차려야 한다

우리는 일상에서 부정적인 감정에 자주 부딪힌다. 하지만 원인은 무엇인지, 어떻게 다뤄야 할지를 잘 모른다. 잘 다루지 못하기에 스트레스를 받는다. 부정적인 감정을 인지하고 이유를 생각하여 수용하는 연습을 해야 한다. 언어의 선택도 중요하다. 스스로에게 자비로워져야 한다. 일상에서 소소한 즐거움을 찾고, 나를 우선시해야 한다.

- 부정적인 생각은 선택이다

부정적인 생각을 하고 싶어서 하는 사람은 없다. 자신도 알아차리지 못하게 부정적인 생각은 그저 떠오른다. 이유는 다양하다. 스트레스를 받으면 위협을 없애기 위해 몸과 마음이 움츠러든다. 방어적이 되며 부정적인 것들에 집중하게 된다. 스트레스가 만성화되면 우울증이 된다. 잠재의식에까지 부정적인 자아 개념이 스며든 것이다. 미래, 환경, 세상에 대해 부정적인 생각이 끝나지 않는다. 해결되지 않으니, 지속해서 부정적인 생각과 정서를 경험한다. 끝나지 않는 우울감에 헤어나오지 못한다.

불안, 공포, 두려움도 요인이다. 불안의 원인은 명확하게 드러나지 않는다. 뇌 신경전달물질의 불균형에 의해 발생하기도 한다. 유전적인 요인도 존재한다. 지속된 스트레스 상황이 불안을 유발한다. 어린 시절에 겪은 부정적인 경험들이 해결되지 않아 내면의 수치심으로 자리잡는다. 성인이 되어서도 유사한 상황 신호가 포착되면 불안해서 견딜 수 없게 된다. 회피하거나 불안을 감추기 위해 과잉 반응한다. 공포와 두려움은 실체가 있지만, 극복할 방법과 자신감이 없으면 부정적인 감정과 생각을 만들어 낸다.

언어학자이자 인지학자인 노암 촘스키는 언어의 중요성을 강조했다. 언어를 통해 세상을 설명하며, 언어를 통해 생각하고 판단한다.* 부정적인 생각도 쓰는 언어에서 온다는 것이다. 실제로 '생각'이라고 부르는 것들은 모두 언어로 구성되어 있다. 미국의 심리학자인 대니얼 카너먼은 휴리스틱과 편견에 인간이 얼마나 취약한지 보여줬다. 정보가 제시되는 맥락에 따라 긍정적, 부정적인 판단이 달라진다. 손실이라는 부정적인 결과를 피하려고 비합리적인 판단을 한다. 언어와 생각이 만들어낸 결과물들이다.

중국 선불교의 대스승이라 불리는 혜능은 우연히 세 승려가 깃발이 왜 흔들리는지에 대한 논쟁하는 것을 들었다. 그들은 바람, 자신의 의지, 바람과 맞닿은 인연이라고 각자 주장했다. 그러자 혜능은 이렇게 말했다. "흔들리는 것은 당신의 마음입니다." 생각은 마음을 움직인다. 스토아학파의 에픽테토스는 우리를 혼란스럽게 만드는 것은 우리의 해석이라고 했다. 사건을 있는 대로 볼 것인가, 긍정적 혹은 부정적으로 볼 것인가.

* Chomsky, N. (2002). On nature and language. Cambridge University Press.

우리는 생각하는 대로 행동하고 느낀다.

- 숨기지 말고 바라보고 수용하라

우리 대부분은 부정적인 생각과 감정이 들면 직접 마주하지 않는다. 회피하고, 억압하고, 무시한다. 비합리적인 생각과 감정을 이성적인 생각으로 다시 다스리려고 한다. 정작 중요한 원인을 해결하지 않고 넘어간다. 부정적인 생각과 감정을 외면하는 것은 자신을 수용하지 않는 것과 같다. 이런 생각과 감정을 느끼는 자신이, 혹은 나의 경험이 너무 싫기에 인정하지 않는다. 우리의 고통과 괴로움은 여기서 시작된다.

심리학자인 크리스틴 네프 박사는 강력한 통제보다 스스로를 사랑하는 '자기 자비'가 중요하다고 한다. 자기 자비를 베푸는 사람들은 불안, 우울 증세도 극복했으며, 체중도 감량했다.** 자기 자비를 실천하지 않는 사람들은 타인에게는 관대하지만, 스스로에게는 엄격한 경우가 많다. 자기 자비는 스스로 낮은

** Neff, K., & Knox, M. C. (2016). Self-compassion. Mindfulness in positive psychology: The science of meditation and wellbeing, 37, 1-8.

기준을 적용하고, 놓아주라는 것이 아니다. 연인과 아이들에게 주는 사랑을 자신에게 주는 것이다. 즉, 우리의 성장과 행복에 도움이 되는 행동을 끌어내도록 스스로를 수용하고 품는 것이다.

자기 자비는 3가지 요소로 구성되어 있다. 첫째는 자기 친절이다. 자기 친절이란 사랑하는 사람이 힘들 때 위로를 건네듯 스스로에게 친절을 베푸는 것이다. 우리는 자신의 부족한 점과 잘못한 점을 극대화하는 경향이 때때로 있다. 열심히 공부했으나 시험 결과가 좋지 않은 경우가 있다. '아 나는 왜 이렇게 멍청할까, 이래서 안 된다.' 대신에 '열심히 노력했지만, 이번에는 아쉽게 되었네. 그래도 노력은 어디 가지 않으니까, 다시 도전해 보자. 분명 성공할 수 있을 거야. 너무 고생했어!' 라고 스스로에게 친절을 베푼다. 친절을 베풀 때 생각과 감정에 매몰되지 않는다. 비로소 균형 잡힌 시각으로, 성공을 위해 자신이 보완할 점이 보인다.

둘째는 마음 챙김이다. '알아차림'으로도 불린다. 이는 지금 내 생각과 감정을 3자의 입장에서 바라보는 것이다. '지금 나는 ○○을 듣고 있구나, ○○을 보고 있고, ○○을 생각하고 있구나.' 이렇게 생각이 선명해지면 무형의 것이 실체를 가지게 된다. 이를 통해 우리는 자신이 어떤 상태에 있는지 객관적으로 볼 수 있게 된다. 주의 집중을 통해 다른 것으로 시선을 옮겨 갈 수도 있다. 부정적인 모습 뒤에 숨은 긍정적인 자신과 경험을 발견할 수 있다. 궁극적으로 자신을 이해하는 폭이 넓어지게 된다.

셋째는 공통성이다. 우리는 모두 같은 인간이다라는 관점에서 출발한다. 항상 긍정적인 생각만 하고, 좋은 경험만 하고 사는 사람들은 없다. 부정적인 생각이 들기도 하고, 고난과 시련도 찾아오기 마련이다. 완벽하지 않고 실수도 한다. 결과, 실수, 고난에 자신을 비판하기만 하면 앞으로 찾아올 행복에 도움이 되지 않는다. 새로운 길을 가든, 일상을 열심히 살아가든, 지금 겪은 고통과 생각들은 타인들도 모두 겪었던 것임을 알아야 한다. 우리는 서로 떨어진 외딴섬이지만, 같은 인류라는 이름의 다리로 연결되어 있다.

- 부정적인 생각을 알아차리는 방법

알아차림은 연습이 필요하다. 처음에는 어려울 수 있으나,

천천히 시간을 들여서 꾸준히 행한다면 자연스럽게 모든 일상 생활에서 적용할 수 있다.

조용한 장소에서 자기 생각과 감정을 마주한다. 무기력, 좌절, 수치심, 분노, 짜증 등이 날 수 있다. 피하고 달아나고 싶어도 이를 마주하고, 관찰한다. 그리고 어떤 느낌이 드는지 생각해 본다.

어떤 이야기를 하고 있는가? 무엇을 떠올리게 만드는가? 그 느낌과 자신의 의식에 초점을 맞춘다. 더 뚜렷하게 관찰한다. 그리고 천천히 호흡을 들이마시고 내쉰다. 느낌이 드는 감정을 없애거나 회피하지 않고 온전히 받아들인다. 호흡과 감정을 하나로 생각하며 받아들인다.

몸의 긴장이 천천히 풀린다고 스스로 말해라. 점점 마음이 진정되고, 의식이 또렷해질 것이다. 그리고 이렇게 되뇐다. "나는 지금 ○○ 감정을 느끼고 있다. 이 감정은 나의 것이다. 이를 받아들이고 인정한다."

감정과 생각을 천천히 관철한다. 소리로 들리기도 하고, 이미지로 보이기도 한다. 감정과 생각이 자신의 주위를 둥둥 떠다니고, 흘러 다닌다고 생각한다. 감정은 그저 거기에 존재한다. "나는 여기에 있고, 감정도 여기에 있다. 나는 지금 혼돈을 탐구하고 있다."

알아차림은 우리의 의식을 명료하게 만들어 준다. 부정적인 생각의 꼬리를 끊어 낼 수 있다. 알아차림은 스트레스, 우울, 분노를 줄여주며, 행복감과 내면의 안정을 준다는 것이 연구 결과 밝혀졌다. 무엇보다 '이건 이렇게 해야 했었어, 이건 옳고 저건 아니야.' 등과 같이 이분법적인 사고로 자신과 세상을 판단하지 않게 해준다. 그저 생각과 행동을 있는 그대로 수용하고, 이 순간에 집중할 수 있게 만들어 준다.

- 세상보다 자기 자신을 먼저 탐구하라

자기 자비는 사회생활에서도 적용된다. 우리는 사람들과 상호작용하며 경험을 한다. 웃음, 행복, 슬픔, 고독, 만족감 등 다양한 감정과 생각을 느낀다. 타인과의 관계에서 자기 자비를 실천하면 자신을 더 객관적으로 알아차리게 된다. 우리는 종종 생각과 감정에 사로잡혀 자신이 원하는 행동을 하지 못할 때가 많다. 때론 의도하지도 않은 행동과 말이 나온다. 자기 자비를 실천하면, 타인의 영향력과, 자기 생각과 감정을 관철할 수 있게 된다. 상황에 휩쓸리지 않고, 스스로 통제권을 쥘 수 있다. 진짜 나의 목소리와 반응이 보인다.

• 치우친 생각의 균형을 맞춰라.

자신의 감정과 생각을 있는 그대로 알아차리면 마음이 차분해지기 시작한다. 이후 부정적인 생각의 반대되는 생각과 경험을 끌어올린다. 그렇게 하면 부정적인 생각은 힘을 잃게 된다.

예) '나는 무슨 일만 해도 실패하고, 아무런 능력이 없어.'

→ '아니야, 잘 생각해 보니까 나는 성취하고, 성공한 경험이 있었어, 그리고 사교성과 이해력이 좋아. 이건 나만의 능력이야.'

• 모든 감정을 수용하라.

부정적인 생각은 부정적인 감정을 동반한다. 그러나 감정은 사실 동전의 양면과 같다. 공포는 위협적인 맹수에 대비하도록 우리를 준비시킨다. 불편함은 우리에게 상황을 바꾸고 개선할 동기를 준다. 스트레스 지수는 지금 위험에 처해 있다는 몸의 신호로 빠른 행동을 하게 만들어 준다. 분노는 타인과의 상호작용이나 경쟁에서 자신을 보호하고 지키기 위해 필요하다. 어떤 감정이든, 모두 나를 지키고 보호하기 위한 것들이다. 나의 감정을 온전히 수용하기 위해서는 자기 감정의 원인을 찾는 연습이 필요하다.

잦은 실수를 해서 스스로 자책하고 화가 날 때: '괜찮아, 누구나 실수를 할 수 있어, 지금 내가 화가 나는 것은 모두 나를 보호하기 위함이야. 그런데 나는 어떤 원인에서 화가 났을까? 상급자의 눈치를 보는 걸까? 내 능력이 부족하다고 생각해서일까? 그렇다면 나는 어떻게 화를 다스릴 수 있을까?'

불안하고 스트레스를 받을 때: '불안하고 스트레스받는 것은 당연해, 각박한 사회에서 이런 감정을 느끼지 않는 사람은 없어. 근데 나는 왜 불안하고 스트레스받을까? 어린 시절의 경험에서 나온 걸까? 아니면 내가 통제할 수 없는 일에서 불안함과 스트레스를 느끼는 걸까? 어떻게 하면 해결할 수 있을까?'

• 자신을 먼저 대접하라.

갑자기 자신을 따듯하게 대하라고 하면 어떻게 해야 하는지 감이 안 잡히는 경우가 있다. 단지 '괜찮아.'라며 토닥이는 것이 별 효과가 없을 때도 있다. 곰곰이 생각해 보면, 우리는 우리 스스로를 먼저 대접해 주지 않는 경우가 있다. 자기 자신부터 대접해 주자. 좋아하는 음식을 먹고 경험한다. 고급 레스토랑도 괜찮다. 혼자 하는 여행도 좋다. 자신을 위해 좋은 옷을 사준다. 타인보다 자신을 먼저 챙기고, 대접해 줘야 한다. 스스로를 아낄 때 따듯한 마음도 절로 생긴다.

• 일상에서 잠시 탈출하라.

연구에 따르면 명상과 작은 일탈은 스트레스 호르몬을 낮추고 세로토닌과 도파민 같은 긍정 호르몬을 증가시킨다는 결과가 있다. 하루 10분 정도 시간을 내어 자신을 위한 작은 일탈을 해 보자. 대중교통을 타고 퇴근할 때 중간에 내려서 마음을 비우고 여유 있게 집으로 가보자. 지나가는 사람들, 자동차, 나무 등 환경 하나하나에 시선을 옮기고 집중한다. 소리, 냄새, 촉각 등 모든 감각을 활짝 열자. 목적을 생각하지 말고, 그저 이 순간에 초점을 맞추는 것이다. 목적이 없는, 마음을 비운 산책은 명상과 동일한 효과를 낸다. 이 순간만큼은, 모든 사회적인 연결을 끊고 온전히 자신에게만 집중하는 것이다. 자신만을 위한 작은 일탈이다.

22

변화

—

저항하지 말고 변화라는 파도의 흐름을 타야 한다

우리는 '안정성'에 집착하는 경향이 있다. 그러나 변화는 피할 수 없는 현실이다. 저항하지 말고 흐름을 타고 성장해야 한다. 자신에 대한 고정관념을 버려야 한다. 용기를 가지고 두려움을 극복해야 한다. 변화를 수용할 때 성장할 수 있다.

- 흐르는 물처럼 변화를 수용하라

우리는 예측 가능한 것과 안정적인 것을 선호한다. 예측 가능하다는 것은 통제가 가능한 것을 의미한다. 철저한 계획을 세우고 불확실성을 줄여 불안 요소를 없앤다. 안정적이라는 것은 지금 일상이 자신의 생존에 위협이 되지 않는다는 것을 의미한다. 물리적으로 안전함을 느끼고, 감정적으로 스트레스와 불안이 있어도 금방 해소되는 상태다. 그러나 현실은 예상과는 다르다. 그리고 자신의 예측과 노력이 빗나갈 때 우리는 멘탈이 나간다.

우리는 또한 수용하기보다 저항하는 데 익숙하다. 중요한 사람이 떠나간 것을 받아들이지 못한다. 지금 자신이 병에 걸리고, 다쳤다는 것을 받아들이지 못한다. 새로운 환경에 적응하지 못한다. 새로운 문화, 기술에 거부감을 느끼고 저항한다. 변화에는 외적, 내적 요인이 있다. 외부적으로는 정권이 바뀌고, 국제 정세가 빠르게 변하고, AI가 출현하고, 기후가 변한다. 내적 요인으로는 가치관, 신념, 감정, 행동, 자기 외모와 건강이 있다. 우리가 겪는 고통은 변화를 수용하지 않았기 때문에 생긴다.

불교에서는 삶과 존재에 대한 세 가지의 개념이 존재한다. 첫째는 '무상'이다. 모든 물체는 정해진 형상이 없다는 뜻으로, 모든 것은 변화한다는 의미이다. 즉 영원한 것은 없다는 뜻이다. 둘째는 '고통'이다. 우리는 불완전하게 태어나 이를 보완하기 위해 노력한다. 욕망으로 모든 것을 소유하기를 원한다. 욕심을 낸다. 좌절되면 고통을 받는다. 셋째는 '무아'이다. 우리의 자아는 고정되지 않고 세상과 상호작용을 하면서 변한다. 자아가 크면 변화를 받아들이지 않는다. 내가 세상의 주인이라고 생각한다. 자신이 옳은 기준이라 생각한다. 그러나 현실은 그렇지 않다.

나의 변화는 현실이 예측 불가능하고 확정적이 않다는 것을 수용할 때 시작된다. 안전하고 예측할 수 있는 삶의 궤도에서 벗어나, 불확실함에 발을 내디뎌야 한다. 우리가 아는 세상을 벗어나고, 우리의 관점을 놓아주어야 한다. 고인 물은 썩기 마련이다. 흐르는 물은 굽이치고 막혀도 언젠가 바다를 만난다. 인간은 흐르며 살아가는 존재다. 더 넓은 세상으로 나가기 위해 어려운 목표를 세우고 도전해야 한다. 세상을 마음에 품고 변화를 받아들일 때 성장한다.

- 고정관념과 두려움을 넘어서라

고정관념을 가진 사람은 자신이 변한다는 것을 믿지 않는다. 흙수저, 금수저, 다이아몬드 수저 같은 계급론이 인생을 결정한다고 생각한다. 타고난 재능을 믿는다. 자신은 머리가 나빠서, 신체가 안 좋아서, 환경이 좋지 않아서 변할 수 없다고 말하며 자신의 한계를 단정 지어 버린다. 그러나 그것은 망상이다. 세계 0.0001퍼센트가 되려고 하지 않는 이상, 한계를 정하는 것은 오히려 현실과는 동떨어진다. 누구나 변하고자 하는 마음과 의지만 있다면 변할 수 있다.

나는 평생 내가 변하지 않을 거로 생각했다. 가정 환경도 좋지 않았고, 외모도 좋지 않았다. 특히 고도비만으로 모든 학창시절을 보냈다. 더군다나 공부도 못하는 낙제생이었다. 내신등급은 평균 7등급에 고3 3월 모의고사에서 언어, 수학, 외국어를 7등급을 받았다. 오늘도 내일도 똑같은 나로 살 것만 같았다. 영원할 것 같았다. 조롱을 받거나 놀림을 받을 때 숨거나 회피했다. 그냥 피시방에 다니며 시간을 축내는 것으로 만족하며 살았었다. 하지만 내 안에 변화하고 싶은 마음이 있다는 것을, 어머니를 통해 깨닫게 되었다.

어떤 환경과 상황에서도 나를 믿고 지지해 주시는 어머니가 있다는 것을 깨닫고 내 손으로 이 환경을 바꾸고 멋진 삶을 살아내기 위해서 변화를 결심했고 이루어 냈다. 그리고 지금도 변화하는 중이다. 변화가 좋은 점은 새로운 나의 모습을 발견하게 해준다는 점이다. 부족하고 모자란 점만 있었던 내가 장점이 많다는 것을 알게 해준다. 실패해도 수용하고 성장할 수 있는 성장 마인드 셋을 준다. 물론 이 과정에서 스트레스를 받기도 한다. 그러나 변화할 때 불안과 불편은 당연한 것이다.

후회와 자책 속에서 시간을 낭비하는 일도 없어진다. 과거의 실수를 놓아주고 매일매일 성장하는 즐거움이 생긴다. 처음에는 변화가 두렵더라도, 견디고 인내하면 점점 익숙해진다. 자신에 대한 믿음이 흔들릴 때도 있다. 묵묵히 해내야 한다. 한 번의 성취를 맛보면, 나도 변할 수 있다는 자신감이 확고하게 생긴다. 덩달아 자기 효능감도 올라간다. 새로운 경험을 두려워하지 않는다. 변화를 기대하게 된다. 자신의 삶을 책임질 수도 있다. 세상이 어떻게 변하든, 그 안에서 나도 변화하고 성장할 수 있으니까 말이다.

- 변화의 흐름을 타고 나아가라

변화의 흐름을 탄 사람은 자존감이 높은 사람이다. 자기 신뢰와 자기 존중을 기반으로 빠르게 변화에 대처하고 대응할 수 있다. 그러나 아무리 자존감이 높은 사람이라도 주변 환경의 영향을 무시할 수 없다. 자신을 둘러싼 환경이 자신에게 특정한 기대를 하고 있기 때문이다. 가족, 친구, 회사 등이 대표적이다. 변화에 대한 생각을 억압하고, 외면하게 만든다. 자유를 박탈하기도 한다. 하지만 사실 이들은 당신의 변화가 두렵고 걱정스러운 것이다. 과거의 당신을 잃어버리게 되는 것이니까 말이다.

K는 직장을 그만두고 공방을 열고 싶어 했다. 약 20년 동안 근무를 하며 회사와 가정을 위해 헌신해오던 K는 가구를 고치다 자신의 꿈이 떠올랐다. 가구를 고치고 만드는 공방을 차리고 싶었던 것이다. 이 사실을 가족들에게 털어놓았다. 공방을 통해 자신이 이루고자 하는 것도 설명했다. 처음에는 가족들이 반대했다. 당장 급여가 끊기기 때문이었다. K는 이를 인정하고 부업으로 가구를 제작하고 수리하는 일을 하기로 했다. 실력이 입소문을 타고 부업은 점점 규모가 커졌다. 결국 K는 회사에 사직서를 내고 공방을 열었다. 이전보다 더 행복해진 것은 물론이고, 수입도 더 안정적이 되었다.

걱정스럽게 바라보는 이들에게 변화의 필요성에 관해서 설명해 주고 더 큰 기회가 있다는 것을 알려주어야 한다. 그들을 든든한 지원군으로 만들어야 한다. 그러기 위해서 3가지가 중요하다. 변화의 필요성과 자신의 목표를 설명해 줘야 한다. 둘째는 자신의 변화가 이들에게 어떤 긍정적인 영향을 줄 수 있는지를 설명해야 한다. 셋째는 시간이 필요하다. 변화를 수용하기에 시간이 걸리거나 혹은 거부하기도 한다. 만약 거부하면, 자신의 진짜 마음의 소리를 따라야 한다. 그렇게 꾸준히 변화하기 위해 노력하다 보면 그들도 인정하고, 지지해 주는 아군으로 변한다.

변화에 앞서 초기 환경을 극복하는 것이 무엇보다 중요하다. 내가 원하는 변화의 모습을 상상해 보자. 그리고 주위 친구, 가족, 환경들을 찬찬히 떠올려 본다. 이들이 나를 지지해 주고 있나 아니면 방해하고 있나? 긍정적인 생각과 마음으로 나를 고취하는가, 아니면 나를 억압하고, 부정적인 생각으로 나를 꼼짝 못 하게 하는가? 만약 환경이 나를 변화하지 못하게 한다면 그저 내가 원하는 환경을 만들 때까지 노력해야 한다. 자신이 변하고자 하는 모습에 가까워질수록 주변 환경도 달라진다.

23

배려

—

진정으로 남을 사랑할 줄 아는 사람은
자기를 가장 먼저 존중한다

SNS를 보면 민폐를 끼치는 사람들이 자주 보인다. 비행기, 버스, 기차 등에서 소란을 피우거나 의자를 뒤로 쭉 빼서 타인에게 불쾌감을 주기도 한다. 그러다 싸움이 일어난다. 정당한 돈을 지불한 좌석이기에, 자신은 아무런 제약 없이 편하게 갈 수 있다는 것이다. 자신의 권리를 주장한다. 그러나 자신의 권리를 과하게 주장하는 사람들은 타인의 권리를 생각하지 않는 경우가 많다. 권리란 타인의 권리를 침해하지 않는 선에서 이루어져야 한다. 그러기에 권리 침해와 배려 둘 사이의 균형을 찾아야 한다. 자신의 권리가 과하게 침해당했으나, 자기주장

없이 참고 인내하는 경우 평생 피해자와 희생자가 될 뿐이다.

- 타인과 나에 대한 배려의 균형을 찾아야 한다

우리는 너무 과한 배려 예의지국에서 태어났다. 웃어른을 공경하고, 타인을 배려하라고 교육받았다. 교회에서는 순종과 이웃에 대한 배려와 사랑을 가르친다. 집에서는 해도 되는 것과 하지 말아야 할 것을 배운다. 특히 타인에게 민폐를 끼치는 행동을 하지 말라고 배운다. 학교에서는 '모범 시민과 옳은 사회인'이 되는 방법을 배운다. 순수했던 어린 시절 우리는 모두 자신에 대한 사랑이 충만한 사람들이었다. 그러나 커가면서 사회가 재단하고 요구한 틀에 맞춰 스스로를 눌러 왔다.

자신의 권리를 잘 주장하는 사람들을 보면 이상하다는 생각도 든다. 그러나 편견과 고정관념을 내려놓고 보면, 그들이 과한 자기주장으로 타인의 권리를 침해하는 경우는 적다. 왜냐하면 타인에 대한 배려와 스스로에 대한 배려가 적절한 균형을 이루고 있기 때문이다. 오히려 시원한 자기주장에 대단하다는 경외심마저 들기도 한다. '나도 저렇게 될 수 있다면 얼마나 좋을까?'라는 생각도 든다.

- "**시간이 없어.**": 타인에 대한 배려가 넘치는 사람은 항상 시간이 부족하다. 자신을 돌보는 것은 우선순위에서 밀려난다. 건강한 식사를 요리하거나, 운동, 여행을 가는 것은 사치라고 생각한다.
- "**중요한 것은 따로 있어.**": 타인을 늘 배려하다 보니 자신이 중요한 사람이라는 것을 잊어버린다. 타인을 중심으로 살아가게 된다. 배려를 넘어 헌신한다. 그만큼 자신의 가치를 타인이 알아주기를 원한다. 하지만 들이는 노력과 시간에 비해 돌아오는 것은 없다. 자기 비난과 자책에 빠진다.

우리는 건강한 자존감을 회복하기 위해서 자신을 먼저 돌보는 법을 배워야 한다. 아무리 급한 일이 있어도 휴식이 필요하면 휴식해야 한다. 조급함을 내려놓고 자신에게 시간을 투자해야 한다. 운동, 명상, 좋은 음식을 섭취하자. 타인을 위해야 한다는 강박과 의무에서 벗어나야 한다.

- 나를 배려하는 사람이 타인도 배려할 줄 안다

심리학자 알버트 앨리스는 머스터베이션Musterbastion 때문이라고 보았다. 자기 행동이 옳고 스스로 반드시 해야 한다(Must)는 생각이나 요구를 의미한다. 타인에게 과도하게 헌신하고 배려하는 사람들, 자신보다 타인이 더 가치 있다고 생각하는 사람들이 주로 하는 행동이다. 알버트 앨리스는 3가지의 '의무'[*]가 우리를 희생자와 피해자로 만들고 있다고 보았다.

첫째는 인정받기이다. 자신의 행동, 생각, 성취가 타인의 인정을 받아야 한다고 생각한다. 타인에게 호감을 심어주기 위해서 헌신한다. 자신이 가진 것을 내어 주면서까지 과하게 배려한다. 타인에게 어떠한 식으로도 인정을 받지 못하면 자신은 가치가 없는 사람이 되는 것이다.

둘째는 확실한 기브앤테이크give&take이다. 내가 배려해주면, 상대도 나에게 배려해줘야 한다. 주는 만큼 돌아와야 한다. 그래서 상대방을 배려하고, 친절하게 대하고, 존중한다. 그렇게 할 때 내가 베푼 것들이 그대로 돌아오기 때문이다.

* Ellis, A., & Harper, R. A. (1961). A guide to rational living.

셋째는 탐욕이다. 자신이 원하는 것은 즉시 얻기를 원한다. 호의와 배려를 베풀면 즉시 돌아오기를 기대한다. 원하는 것을 손에 넣지 않으면 부정적인 정서를 경험한다. 견딜 자신이 없으며 무기력해진다.

스스로 하고 싶은 행동이라고 생각하며, 타인에게 과도한 배려와 친절을 베푸는 사람이 있다. 그러나 배려와 친절 아래에는 타인에게 인정도 받고, 배려도 즉시 받고 싶어 하는 진짜 속마음이 있다. 만약 인정과 배려를 얻지 못하면 이를 확인하기 위한 머스터베이션은 더 심해진다. 압박감을 느끼며, 의무감에 살게 된다. 스스로를 탓하기도 한다. '내가 부족하고 못났기에 인정과 배려를 받지 못하는 거야.'

자기 행복도 머스터베이션에 의존하는 사람이 있다. 자신은 행복하지도 성공하지도 못할 거라고 한다. 인간은 행복해지기 위해서 태어났다. 이 말은 인간으로서의 생존 가치가 없다고 스스로를 존중하지 않는 말과 똑같다. 타인에 대한 머스터베이션보다 자신에 대한 진짜 배려가 중요하다. 타인을 돌보기 전에 나를 먼저 돌봐야 한다. 자신을 압박하고 있는 의무에서 벗어나야 한다. 그럴 때 스트레스, 우울감, 불안을 떨쳐낼 수 있다. 동시에 생산성도 올라가게 된다. '진짜' 나의 삶을 살 수 있다.

- 존중과 독립이 진정한 배려다

우리나라 사람들처럼 주어진 모든 것에 충실한 사람들은 없다. 최선을 다해 열심히 살려고 하는 의욕과 의지는 세계 1위라고 자부한다. 그러나 인생은 마라톤과 같다. 페이스를 조절하지 않고 전속력으로 달리다 보면 마라톤은 완주할 수 없다. 이제 인생이라는 마라톤에서 페이스를 조절하는 법을 알아야 한다. 어떤 삶이 우리를 기다리든 전혀 두려워할 필요는 없다. 그저 극복하고 뛰어넘을 수 있게 배우고 행동을 바꾸면 된다. 자기 생각과 이해의 폭을 넓혀 나가는 것이다. 당장은 힘들고 괴롭지만, 내면의 힘을 기르기 위한 과정이다. 성공으로 가는 길이다.

• 자신을 존중한다.

과거에 어떤 일을 했든, 나의 외모가 어떠하든, 환경이 어떠하든, 자신을 수용해야 한다. 나의 진짜 욕구를 존중해야 한다. 자신의 모든 것을 즐기고 받아들이겠다는 마음을 품어야 한다.

• 우리는 모두 독립된 존재라는 것을 명심한다.

진정한 존중은 정서적인 독립에서 나온다. 상대방에게 특정한 것을 베풂으로써 자신도 그런 베풂을 받을 거라는 의존적인 생각을 버려야 한다. 이를 통해 자신의 가치를 확인하는 행동을 그만둬야 한다. 그럴 때 감정이 다시 회복된다. 아무런 대가 없는 진짜 베풂을 할 수 있다.

• 거짓된 가면을 벗어야 한다.

우리는 여러 페르소나를 갖고 살아간다. 페르소나란 인격을 의미한다. 여러 사회적인 상황에서 다양한 가면으로 자신이 보여주고 싶은 모습만 보여준다. 자기 가면에 푹 빠져들어 무조건 인정하고 배려해 주는 사람을 찾으려고 한다. 서로 동등한 인격체로서 삶이라는 여행에서 행복과 고난을 같이 느끼고 헤쳐 나갈 사람을 찾지 않는다.

• 사랑은 무조건적인 헌신과 배려가 아님을 알아야 한다.

자신을 존중하지 못하는 사람은 모든 걸 다 퍼준다. 처음에는 인정을 받는 것 같아 기분이 좋다. 그러나 시간이 지날수록 점점 지쳐가고 내면에 불만이 쌓인다. 반대로 상대방에게 무조건적인 배려와 헌신을 요구하는 사람은 늘 사랑받는 것을 확인하고자 한다. 이또한 자신을 스스로 존중하고 사랑하지 않기 때문이다. 아무리 배려와 헌신으로 가득 찬 마음의 상자 1억 개를 가져다줘도 충족되지 않는다.

• 나에 대한 확신을 가져야 한다.

확신을 가진다는 것은 내 존재 자체를 수용하고 인정하는 것이다. 자신을 가치 있고, 소중한, 이 세상에 단 하나뿐인 유일한 존재로 인식하는 것이다. 확신을 가진 사람은 타인에게 무언가를 기대하지 않는다. 배려와 인정을 갈구하지 않는다. 타인과 같아지고 싶은 마음도 사라진다. 관계도 좋아진다. 나에 대한 확신은 상대에 대한 확신으로 바뀐다. 상대방의 고유함을 인정하면서 수용할 수 있게 된다. 각자 다른 매력으로 좋은 관계를 맺을 수 있게 된다.

24

자기 존중

—

자존감을 지탱하는 첫 번째 핵심 축

자기 존중은 우리에게 안정감을 선물해 준다. 자신이 원하는 것을 솔직하게 표현할 수 있게 된다. 싫은 것은 싫다고 말한다. 인정하고, 긍정하는 것은 그렇다고 대답한다. 당당해진다. 타인 앞에서 주눅 들거나, 뒷말을 하거나, 혹은 부정적인 생각으로 벽을 만들지 않는다. 자신을 꽁꽁 감싸지 않고 세상에 내보인다. 나 스스로가 존재할 권리가 있음을 이해하기에, 타인에게 배려심 넘치는 행동을 할 수 있다. 팀 내의 결속도 좋아진다. 공동의 목표를 이루기 위해 협력한다. 나와 타인을 존중하기에 가능한 일이다.

- 나는 행복하게 살 가치가 있는 사람이다

자기 사랑, 공감, 연민 모두가 자기 존중에 포함되는 개념이다. 자기 존중이란 생각, 마음, 육체, 정신에 밝은 조명을 비추는 것과 같다. 타인과 비교하고, 타인을 따라 하고, 타인에게 열등감을 느끼는 것은 안개가 자욱한 산길에서 바로 앞에 있는 돌부리와 웅덩이를 못 보는 것과 같다. 빨간불만 보이면 달려드는 불나방의 행동과 다를 바가 없다. 자신을 존중한다는 것은 자신이 타인보다 더 뛰어나다는 우월감에 빠지는 것이 아니다. 상대방을 짓밟고 위로 올라서며, 한정적인 자원을 타인에게서 빼앗는 것도 아니다.

자기 존중은 자신의 가치를 믿고 확신하는 것이다. 인간으로서의 고유한 존엄성을 인정한다. 타인과는 다른 고유한 매력과 능력이 자신에게 있음을 믿는다. 나의 행복은 스스로가 만들어 갈 수 있다는 걸 믿는다. 어떤 고난과 시련이 있더라도 삶을 포기하지 않고 이겨내겠다는 강한 의지를 가지는 것이다. 타인이 자기 행복과 가치를 위협할 때 스스로 행복과 가치를 강하게 보호하고 지지하는 것이다. 인간으로서 살아갈 가치를 의미한다.

자기 존중은 정신에 존재하는 자신의 도덕성을 따르는 것이다. 인간과 동물의 다른 점은 정신이 있다는 것이다. 동물은 의식의 전부를 생존과 번식 쾌락을 위해서 사용한다. 하지만 인간은 원초적인 행동을 넘어 더 높은 차원의 사고가 가능하다. 삶의 의미를 찾고, 자아를 실현한다. 영적인 성숙이 가능하다. 인간 사회에서 이를 무시하고 살아갈 수 없다. 그러면 마음이 공허하고, 시간은 무의미하게 흘러가게 된다. 행동과 선택을 할 때 정신이 만족하려면 내면의 도덕성을 따라야 한다. 꺼림직하지 않도록 확신에 찬 선택을 해야 한다.

자기 존중이란 과거, 현재, 미래를 인정하고 수용하는 것이다. 내가 지나온 길을 뒤돌아보며 반성하는 것이다. 지금까지의 행동과 선택이 자신의 발전과 성숙에 방해가 되었음을 인정하는 것이다. 반성은 과거에 대한 자기 비난이 아니라 현재의 모습을 인정하고, 더 나은 미래를 위해 발전적인 선택을 하는 것을 의미한다. 그렇게 했을 때 자신에 대한 믿음과 가치가 점점 확고해진다. 타인도 이를 인정하고 존중해 준다.

- 나를 가장 친한 친구로 여겨라

'내가 부족한 점이 있다고 하더라도 나는 나야, 나는 이 모든 것을 수용하고, 받아들일 거야.', '나는 가치 있는 사람이고, 행복해질 권리가 있는 사람이야.' 물론 자신에 대한 만족감이 충분히 들지 않을 수 있다. 그러나 자신을 수용한다는 것은 자신의 모든 것을 받아들이는 것이 아니다. 단점이든 장점이든 자신의 일부분으로서 인정하는 것이다. 스스로를 부인하기를 멈추고 현실을 직시하는 것이다. 자신의 의식을 조종하는 연습을 하는 것이다. 현실에 두 발을 딛는 것이다.

• **스스로를 비하하고, 혐오하고 깎아내리는 행동은 나와 타인에게 상처를 준다.**

스스로를 귀하게 생각하지 않는 사람을 존중하고 싶은 사람은 아무도 없다. 철학자 에릭 호퍼는 타인에게 하는 행동이 자신에게 하는 행동이라고 했다. 좋은 인간관계를 위해서 자기 존중은 필수이다.

• **자기 존중을 하는 사람은 고난과 시련에서 멘탈이 금방 회**

복된다.

자기 존중을 하는 사람은 자신의 가치를 알기에 멘탈이 튼튼하다. 어려움이 닥칠 때 멘탈과 정신력이 약해질 수 있다. 불신도 들 수 있다. 그러나 금방 회복된다. 오히려 더 강해진다.

• 타인의 무례함을 참지 말라.

때때로 타인의 타당한 비판은 겸허히 수용해야 한다. 자신이 미처 보지 못하는 단점을 보완할 기회가 되기 때문이다. 반면 정당하지 않은 일방적 비난과 질책을 인정하고 수용하는 것은 자기 존중을 박살 내는 행동과 같다. 부정적인 자기 존중감을 더 강화해 결국 자존감이 하락한다.

• 건강한 자아 이미지를 구축하라.

자신을 생각했을 때 떠오르는 이미지, 말들이 있다. 혹은 느낌, 감정으로도 느껴진다. 이런 것들이 긍정적인지 부정적인지 한번 살펴봐야 한다. 만약 부정적이라면, 자신이 수용하고 용납하지 못하는 것들이 숨어있을 가능성이 크다. 죄책감, 후회, 한탄, 어떤 경험과 사건, 혹은 나의 어느 부분이 불만족스러운가? 거부하지 말고 인정하고, 발전해라. 스스로를 적으로 생각해 공격하지 말아야 한다.

• 스스로를 울타리에 가두지 마라.

간혹 자기 존중이 힘든 경우가 있다. 이게 진짜 자기 모습이 아니라고 생각한다. 자신을 마주 보고 안정하는 게 두려운 것이다. 내가 어떤 행동을 했든, 어떤 성격과 특성이 있든, 나는 나다. 인정하는 것에서부터 변화가 시작된다. 스스로를, 타인을 용서할 수 있게 된다. 스스로 쳐둔 울타리를 박차고 나와야 한다. 특히 외모에서 우리는 부족한 부분이라 생각하는 것에 혈안이 된다. 타인에게는 좋은 점을 찾으면서, 우리 스스로에게는 너무 가혹하다. 더 이상 자신을 울타리에 욱여넣고 채찍질하지 마라.

• 자기 자신을 수용하라.

거울 속 나의 모습 바라보기 훈련을 하자. 자신이 생각하는 이상적인 관점과 모습을 내려놓고, 자신을 긍정적이고 좋은 관점으로 바라보는 훈련이다. 우선 거울 앞에서 맨몸으로 자신을 관찰한다. 눈, 코, 입, 얼굴, 상체, 팔, 하체를 천천히 살펴본다. 어느 부위가 도드라져 보이는가? 자신의 부위를 관찰할 때마다 어떤 생각과 감정이 느껴지는가? 몇 분간 생각을 잠시 내려놓고, 자신을 들여다본다. 부족한 것이 무엇이든, 좋은 점이 무엇이든 거울을 보며 다음과 같이 여러 번 말하고 속으로 되뇐다.

- 자기 수용을 통해 나를 객관적으로 볼 수 있다

나는 자기 수용을 통해서 내 모습을 있는 그대로 받아들이기 시작했다. 다이어트가 끝났음에도 내 몸에서 자신이 없는 부위들이 많았다. 얼굴은 가무잡잡하고, 수염이 진했고, 안경을 써서 보기 싫었었다. 몸 전체는 가죽이 늘어지고 살이 터져서 흉측했고, 다리는 너무 굵어서 싫었다. 그래서 펑퍼짐한 옷이나 재킷으로 늘 몸을 가렸다. 바지는 딱 붙지 않는 넓은 바지를 선호했다. 타인이 나의 이런 모습을 볼까 봐 항상 고개를 푹 숙이고 다녔다. 저 사람은 분명 나를 좋지 않게 보고 있을 거라며 지레짐작했다.

그렇게 나 스스로 나를 비난했고, 부정적인 자아 이미지가 강해졌다. 자그마한 실수에도 수치심을 느꼈고, 위축되었으며 소심해졌다. 타인이 어떤 비난을 하든 그게 맞는다며 나를 속였다. 우연히 눈이 마주쳐도 상대방에 대한 부정적인 감정이 떠올랐다. 스트레스받았고, 속으로 아무 이유 없이 상대방을 비난하기도 했다. 프로이트의 말처럼, 자신에 대한 부정적인 이미지가 상대방에게 투사되었다. 결국 모든 것이 나에 대한 비난이었다.

도대체 나는 왜 이렇게 살아가는지에 대해 고민을 많이 했다. 그러다 책과 논문을 보며 깨달은 것이 있다. '결국 내가 나를 스스로 울타리 안에 가둬 두었던 것이구나.', '내가 스스로를 받아들이지 않았기 때문에, 타인도 나를 거부한다고 생각했구나.', '고도 비만이었던 시절에서 벗어났음에도 나는 그 시절을 살고 있었구나.' 이런 생각과 함께, 이런 상황과 내 모습을 만든 것도 결국 나라는 것을 깨달았다. 나는 세상에서 제일 불행한 주인공 역할을 자처해서 하고 있었던 것이었다.

나는 나를 객관적으로 보고 있지 않았다. 좋고, 나쁨으로만 나를 판단했다. 조금 떨어져서 나를 보자, 미처 내가 알지 못했던 긍정적인 면들을 발견할 수 있었다. 그리고 내가 할 수 있는 것과 할 수 없는 것이 보이기 시작했다. 근력 운동을 했고, 렌즈를 끼고, 옷 입는 법도 찾아봤다. 독서를 했고, 투자 공부도

했으며, 명상, 최면도 공부했다. 나를 거부하지 않았기에 더 이상 어떤 것을 가지는 것에 집착하지 않게 되었다. 눈을 가리고 있는 안대를 벗은 기분이 들었다. 내가 할 수 있는 것이 명확해졌다.

25

하나

—

몸과 마음 정신은 하나로 이어져 있기에
모두를 철저히 관리해야 한다

우리의 몸과 마음, 정신은 하나로 이어져 있다. 감정과 행동은 이와 연결되어 있다. 내면과 외면이 건강한 사람은 건강한 에너지가 흐른다.

- 몸 마음 정신은 하나다

몸과 마음 정신은 하나로 이어져 있고, 이는 곧 행동으로 이어진다. 예를 들어 사무실에 들어갔는데 팀원들이 당신을 쳐다보며 이야기할 때 특정 생각이 든다. '그냥 이야기하고 있나 보다.', '내 흉을 보나?'라고 생각할 수 있다. 부정적인 생각은 더 꼬리를 문다. '내가 무슨 실수를 했나?' 그러다 결국 '분명 나를 싫어하는 걸 거야.'라고 결론짓는다. 생각은 곧 감정을 불러온다. 슬픔, 소외감, 분노, 자책을 불러온다. 감정은 곧 행동에 영향을 준다. 무기력해지고, 가슴이 답답해진다. 집중력이 저하되고 피곤해진다. 행동은 다시 감정과 생각에 영향을 준다.

사람은 각자 고유한 의식체계인 정신을 가지고 있다. 정신 안에는 개인의 고유한 믿음인 신념이 있다. 종교, 가치관, 경험에서 나온 신념은 행동을 만들고 감정을 만든다. 특정 상황을 마주한 개인은 자신이 믿는 것을 현실로 받아들인다. 생각하고, 감정을 만들고, 행동한다. 부정적인 신념을 가진 사람은, 아까와 같은 상황에서 부정적인 행동을 하게 된다. 이를 통해 우리는 경험을 쌓아 나간다. 경험을 통해 '나'라는 사람이 어떤 사람인지 알게 된다. 자기 존중감과 자기 효능감에 영향을 준다.

하바드 대학교의 교수인 에이미 커디는 몸이 마음과 감정

그리고 정신에 영향을 줄 수 있다고 했다.* 원더우먼 포즈라고 불리는 '파워 포즈'를 하면 자신감을 올려주는 테스토스테론이 증가하고, 코르티솔이 낮아져 스트레스 지수가 줄어든다고 했다. 몸가짐에 따라 사람도 다르게 보인다. 성공한 사람들은 자신감이 넘치는 몸가짐을 가지고 있다. 높은 정신 에너지와 아우라가 뿜어져 나온다. 반대로 자신감이 부족한 사람들은 몸을 웅크리고 고개를 숙이고 있다. 방어적인 자세가 몸에 배어 있다. 이런 몸가짐은 높은 정신력과 건강한 마음, 생각을 불러오지 않는다.

미국 정신과 의사인 조지 L 엥겔은 통합적 건강 모델을 통해 몸과 마음 정신이 건강에 영향을 미친다고 했다.** 엥겔에 따르면 마음의 질병인 스트레스는 심리, 사회, 문화, 환경, 그리고 정신 작용의 영향을 받는다. 마음이 병들면 정신도 병든다. 모든 상황을 부정적으로 해석하게 된다. 우울증과 불안 증상을 동반한다. 몸은 스트레스로 염증 반응을 겪는다. 면역 기능이

* Carney, D. R., Cuddy, A. J., & Yap, A. J. (2010). Power posing: Brief nonverbal displays affect neuroendocrine levels and risk tolerance. Psychological science, 21(10), 1363-1368.

** Engel, G. L. (1981). The clinical application of the biopsychosocial model. The Journal of medicine and philosophy, 6(2), 101-124.

제대로 작동하지 않게 된다. 암, 류마티즘, 심장병 등 다양한 질병에 노출된다.

- 건강한 몸이 건강한 내면을 만든다

정신 분석학자이자 의사인 빌헬름 라이히는 몸이 중요하다는 것을 강조했다. 그는 몸에는 고유한 에너지가 흐르고 있으며, 이는 정신과 마음, 건강에 영향을 준다고 했다.* 몸을 어떻게 활용하느냐에 따라 정신, 마음, 그리고 신체적인 질병의 치료가 가능하다고 했다. 심리적으로 불안하고 스트레스를 받는 사람은 근육이 항상 긴장되어 있다. 감정을 억압하고 차단하는 일이 반복되어 일상이 되면 항상 근육을 긴장시키는데, 라이히는 이를 '갑옷'이라고 표현했다. 심리적인 스트레스, 불안을 치료하기 위해 몸의 긴장을 풀어야 한다고 했다.

그는 물리치료 운동의 중요성을 강조했다. 물리치료를 통해 뭉친 근육을 풀어주게 되면 호흡도 이완되고 다시 감각이

* Reich, W. (1972). Character analysis. Macmillan.

살아나게 된다. 운동을 통해 부정적인 에너지를 발산하게 되면 긍정적인 바이오 에너지가 몸에 돌게 된다. 이를 통해 마음과 정신에 좋은 영향을 줄 수 있다. 실제로 몸을 움직이면 사람을 활동적으로 만들어 주는 호르몬이 분비된다. 세로토닌이 분비되어 감정의 균형을 잡아주며, 식욕 조절과 스트레스를 관리해 주는 호르몬도 분비된다.

에이미 커디는 몸의 자세를 무엇보다도 강조했다. 몸의 자세에 따라 감정이 달라진다고 했다. 무형의 에너지가 흘러 나와 타인에게도 영향을 준다. 커디에 의하면 당당한 자세는 자신감을 가지게 하고 스트레스 지수를 감소시킨다고 했다. 자신감이 없을 때 오히려 더 당당해져야 한다. 가슴은 열고, 허리는 곧게 펴고 얼굴에는 할 수 있다는 당당한 표정을 지어야 한다. 감정과 생각은 몸과 어우러지는 것을 좋아한다. 몸을 축 늘어트리고, 찡그린 표정으로 "나는 할 수 있다!"고 외쳐보라. 당당한 감정이 느껴지지 않는다.

최상의 몸 컨디션을 유지하는 것이 가장 중요하다. 건강한 식습관, 운동도 중요하지만, 무엇보다 잠이 중요하다. 잠은 우리 몸의 독소를 배출한다. 두뇌는 우리 몸에서 가장 활발한 부분이다. 활동하는 동안에 활성 산소를 배출하는데 이는 노화를 촉진하고 세포를 공격한다. 잠은 이 활성 산소를 제거해 몸을 최상의 컨디션으로 만들어 준다. 집중력, 학습력, 기억력에 영향을 준다. 식욕을 담당하는 호르몬에도 영향을 준다. 정신과 마음 건강도 마찬가지다. 피곤함에 찌든 날에 우리가 어떤 생각을 하고, 어떤 마음인지 떠올려 보면 안다.

- 감정은 짐작이고, 통제할 수 있다

켈리 터너 박사는 살아날 수 없는 질병을 이겨낸 사람들의 사례가 담긴 1,000편 이상의 논문을 분석하고, 10개국에서 암을 이겨내고 회복한 사람들을 분석했다.* 몸과 마음 영적인 체계에서 건강에 가장 큰 영향을 주는 것은 마음의 활동이다. 억눌린 감정은 병을 불러오기 때문에 이를 해방해야 한다. 긍정적인 감정은 몸을 건강하게 만든다. 사랑과 사회적인 지지는 몸을 치유한다. 삶의 의지가 있다면 몸이 반응한다. 감정은 건강과 밀접한 관련이 있다.

* Turner, K. A., & White, T. (2021). Radical Hope: 10 Key Healing Factors from Exceptional Survivors of Cancer & Other Diseases. Hay House, Inc.

감정은 습관이다. 연습을 통해 통제하고 조절이 가능하다. 신경과학 분야의 권위자인 리사 펠드만 버렛 교수는 감정은 주변 정보를 받아들이는 뇌의 '해석'이라고 했다. 수십 년간 뇌를 스캔하고 이미지를 연구해 감정이 그저 떠오르는 것이 아닌, 만들어지는 것이라고 했다. 이를 '생성 이론'이라고 한다.** 환경, 경험, 문화에 따라 감정이 만들어진다. 즉 해석은 일종의 예측이고, 짐작이다. 특정 상황에서 부정적인 감정을 지속해서 경험한다면 부정적인 해석을 반박하고 비틀거나 다른 긍정적인 경험을 쌓으면 된다.

• 긍정 확신을 하라.

부정적인 감정이 들 때 자신에 대한 긍정적인 대화와 확신으로 상황에 대처할 수 있다. '지금 느끼는 감정은 내가 만들어 낸 해석일 뿐이다. 나는 이 상황을 헤쳐 나갈 수 있고, 극복할 수 있는 능력과 정신력이 있다.'

• 감정을 시각화하라.

** LF, B. (2017). How emotions are made: The secret life of the brain. Pan Macmillan. [Google Scholar].

연구에 의하면 부정적인 감정이 눈이 보이게 될 때 부정적인 감정의 힘이 약해진다고 했다. 특정 상황에서 느껴지는 부정적인 감정에 대해 노트에 적어보자. 어떤 상황에서, 어떤 감정을 느끼는가? 어떤 행동, 상황이 나에게 그런 감정을 불러오는가? 인간은 눈에 보일 때 이해할 수 있고, 극복할 수 있다.

• 환경을 바꿔라.

부정적인 감정이 든다면, 부정적인 감정을 유발하는 환경을 바꾸는 것도 좋다. 깨진 유리창의 법칙은, 깨진 유리창과 낙서가 방치되면 사회적으로 용납되지 않는 행동의 증가와 유의미한 영향이 있다고 밝혔다. 부정적인 감정이 드는 환경을 피하거나 바꾸어 보자. 집이 어질러져 있다면 집을 정리하고 치우는 것도 도움이 된다. 할 수 있는 것을 하는 게 중요하다.

• 감사하는 습관을 가져라.

어떤 상황에서도 감사하는 마음가짐을 가져야 한다. 어떠한 상황에서도 감사한 마음을 가지고, 좋은 점과 배울 점을 찾아낸다면 이는 곧 습관으로 자리 잡는다. 데이비드 엔더슨 교수도 감정이 뇌를 바꾸고 행동을 바꿀 수 있다고 했다. 감정은 우리를 움직이는 강력한 동기다.

• 감정을 유발하는 방아쇠를 찾아라.

감정을 유발하는 '방아쇠'는 무엇인가. 뉴스, SNS, 유튜브, 어떤 요인들이 우리에게 부정적인 감정을 만들어 내는지 파악해야 한다. 감정에 휘둘리기 전에 잠시 그 환경을 떠난다. 깊게 심호흡하고, 자신과 감정을 분리한다. 그리고 다음과 같이 말하라. '내가 느끼는 감정은 일시적이고, 이는 곧 지나갈 것이다.', '나의 내면에는 고요한 호수가 있고, 그 호수에 떨어진 물방울이 일으키는 잔잔한 파동이 온몸을 타고 흐른다.', '나는 점점 더 편안해진다.'

- 정신은 유연하다

인간의 정신력만큼 유연한 것이 없다. 연인과 헤어지고, 투자금을 날려 먹고, 사기를 당하더라도, 몇 달 후 웃으면서 밥을 떠 목구멍으로 넘길 수 있는 것도 정신의 힘이다. 고통을 인내하고 견디는 것도 마찬가지다. 그러나 부정적인 정신 체계를 가지고 있다면, 행복에 무감각해지고 고통과 고난에 익숙해지게 된다. 자신이 최고로 불행한 삶을 살고 있다고 믿고, 삶의 만족도와 가치도 점점 더 떨어지게 된다.

정신을 긍정적으로 가꾸는 방법은 대표적으로 5개가 있다.

- **마틴 셀리그만의 긍정심리학**: 자신에게 부정적인 말을 하는 내면의 비판자를 알아차리고, 자신에게 긍정적인 말을 건네준다.
- **로버트 에몬스의 감사하기**: 감사하기는 나와 주변인에게 긍정적인 감정을 불러오고 이는 정신건강에 영향을 준다.
- **알버트 반듀라**: 작은 목표를 통해 성취 경험을 쌓으면 자기 효능감이 높아져 자존감도 상승하게 된다.
- **로버트 웰딩거**: 사회생활과 자신을 지지해 주는 사람이 있으면 정신건강에 도움이 된다
- **존 카바트 진**: 명상과 알아차림을 통해 스트레스가 관리되면 정신이 맑아진다.

나는 좋은 정신을 가꾸기에 가장 중요한 한 가지를 뽑으라고 한다면 '감사하기'를 뽑을 것이다. 그러나 갑자기 대뜸 좋은

정신을 가지기 위해서 감사 일기를 쓰거나 감사한 것을 찾아서 표현하라고 하면 어렵다. 우선은 작은 베풂을 먼저 실천해 보자. 내가 가진 지식을 필요로 하는 사람이 있다면 전달해 주자. 가까운 친구, 지인, 가족에게 칭찬을 건네보자. 무작위 선행을 실천해 보자. 진짜 감사함이 무엇인지 느끼게 된다. 행복감, 만족감, 충만감이 내면에 차오른다. 해 보지 않은 사람은 모른다.

만약 나갈 일이 있다면 집은 깔끔하게 정리하고, 단정한 옷을 입고 거울을 보자. 나는 할 수 있다며 가슴을 열고 허리를 펴라. 창밖으로 보이는 풍경에 감사하고, 누구든 공평하게 누릴 수 있는 하늘과 자연을 만끽하라. 지인과 친구들에게 먼저 칭찬을 건네고 미소로 화답하라. 나는 항상 운이 좋다는 말을 마음속에 새기고, 오늘은 무엇을 배우고 얻을 수 있을지를 기대하라. 작은 목표를 3개 정하고 오늘 꼭 이루겠다고 다짐하고 목표를 향해 눈을 떼지 말아라. 하루하루 이런 자세를 가지다 보면 자신도 모르게 달라진다. 성공할 기회를 포착하고, 긍정적이고 유능한 사람이 되어 있을 것이다. 믿어야 한다. 아우구스티누스는 자신이 믿는 것은 보이지 않지만, 그 믿음은 이루어지게 된다고 했다.

26

친구

—

행복과 성장을 위해서는 좋은 친구를 만나야 한다

취직하고 승진했을 때, 혹은 인생에서 좋은 일이 생기면, 가장 먼저 찾게 되는 사람들이 있다. 이들에게 나의 성취와 행복을 전달하고, 인정받으면 머리와 마음에는 환한 빛이 들어온 기분이 든다. 좋은 친구는 행복을 진정으로 나눌 수 있는 사람들이다. 친구가 어려울 때 우리는 기꺼이 대가를 바라지 않고 진심으로 도와준다. 도움을 주며 오히려 감사함과 행복감을 느낀다. 서로 더 가까워지고, 연결된 기분이 든다.

말하지 않아도 위로가 되고 편한 친구들이 있다. 어떤 일을 겪든, 어떤 감정에 있든, 나를 그대로 받아주는 친구는 인생의 든든한 지원군이다. 나를 지지해 주는 사람들 덕분에, 우리는 어려움도 헤쳐 나갈 자신감을 얻는다. 해결할 기미가 보이지 않아 하소연하면, 응원해주고 용기를 북돋아 준다. 고난을 헤쳐 나갈 지혜를 알려주고 일깨워 준다. 진짜 지원군은 인생의 선배이자, 경험이 풍부한 항해사 역할도 한다.

- 좋은 친구는 행복의 근원이다

하버드 졸업생부터 불우한 가정환경을 지닌 사람들, 그리고 IQ가 높은 사람의 일생을 연구한 프로젝트가 있다. 가장 행복하게 노년을 마감한 사람은 아무리 환경과 조건이 불리해도 주변에 따듯한 친구, 이웃이 있었다. 형제자매와 친밀한 관계를 유지했고, 화목한 가정을 만들었다. 주변에 좋은 친구들이 많을수록 인생은 풍요로워진다. 유년기부터 노년기까지 행복의 조건에서 좋은 친구, 사회적인 지지는 빠지지 않는 필수 요소이다. 하버드 대학교 의과대학 교수이자 베스트셀러 『행복의 조건』의 저자인 조지 베일런트는 "다른 무엇보다도 인간관계가 인생의 행복을 결정짓는 가장 중요한 요소"[*]라고 했다.

또 다른 연구에 따르면 좋은 친구들이 많을수록 회복탄력성이 높다는 것이 밝혀졌다.[**] 두려움과 불안, 스트레스에 대처하는 능력도 높았다. 우울증에 걸릴 위험도 낮았으며, 행복한 감정을 느껴 면역력도 높았다. 세로토닌, 도파민, 옥시토신의 분비가 활발했다. 몸의 염증 수치도 낮았다. 좋은 친구는 절망과 고통에도 곁을 지켜준다. 사랑하는 이가 곁을 떠나가도 곁을 지켜준다. 말을 아끼고 귀를 열고 잘 들어준다. 성급하게 옳고 그름을 판단하지도 않는다. 우리의 이성이 다시 회복될 때까지 기다려 진심 어린 조언을 해준다.

우리는 어쩌면 좋은 친구를 만들 많은 기회를 스스로 놓치고 있을지도 모른다. 자신에게 부정적인 생각과 감정을 가지고 있다고 타인의 의도를 멋대로 판단한다. 특정 말과 행동을 개인적으로 받아들인다. 다른 사람과 교감하기 위해 발달한 사회적 인지 능력이 과도하게 왜곡되어 있는 경우에는 사람을 만나는 것조차 두려워하게 된다. "나는 친한 사람이 없어.",

* Vaillant, G. E. (1998). Adaptation to life. Harvard University Press.

** Ell, K. (1984). Social networks, social support, and health status: A review. Social Service Review, 58(1), 133-149.

"내가 아는 사람이 어디 있어?" 혹은 "나는 부족한 게 많아서 친구를 만들 수가 없어."와 같은 말을 한다.

진짜 친구를 만들 기회가 있더라도 잡지 못할 수 있다. 자기 합리화를 하고, 단점을 찾아내고, 관상을 언급하며, 필터와 색안경으로 사람을 분류할 때다. 열린 마음으로 선입견을 버리려고 노력해야 한다. 거부감이 들더라도 '한번 만나보면 좋을 수 있지 않을까?', '새로운 경험을 할 좋은 기회야.'라고 생각하고 행동해야 한다. 자기 계발 강의, 세미나, 동네 모임 등 다양한 사람들을 만날 기회는 있다. 좋은 시작이, 좋은 관계를 만든다.

- 좋은 관계를 시작하는 방법

• 먼저 웃고 인사하기.

웃는 얼굴로 하는 인사는 적대감마저 없애 버린다. 타인에게 자신을 좋은 인상으로 각인시키는 효과도 있다.

• 열린 자세 취하기.

상대방의 눈을 쳐다보고, 몸을 상대방 쪽으로 향하게 한다.

팔짱은 풀고 손은 가볍게 무릎 위에 놓는다.

• 좋은 것만 기대하라.

심리학에선 '자기충족적 예언'이 있다. '상대방이 나를 싫어할 것이다.'라고 기대한 사람은 그런 증거를 타인에게서 찾는다. 과민 반응을 한다. 반면 상대방이 좋은 사람이며, 자신에게 호감을 가지고 있다고 생각하는 사람은 상대방의 좋은 점과 상대가 나에게 호감을 느끼려는 이유를 찾아낸다. 실제로 행동도 상대방의 호감을 불러오게끔 한다.

• 경청하라.

억지로 하는 "응." 혹은 "맞아." 같은 동의는 역효과를 불러올 수 있다. 경청이란 상대방의 말에 담긴 '의도'를 파악하고 존중해 주는 것이다. 가령 여자친구가 "오늘 어때,"라며 당신에게 물어볼 경우, 단순하게 "좋다.", "이쁘다." 이런 대답을 기대하지 않는다. "오늘은 널 만나기 위해 아침부터 이렇게 큰 노력을 들였으니까 내 노력을 인정하고 칭찬해 줘."라는 뜻이다.

• 충실하라.

강아지를 생각해 보면 될 것이다. 강아지는 24시간 365일 주인을 향한 엄청난 애정을 보여준다. 100년 만에 만난 사람처럼 매일매일 부르면 달려오고, 꼬리를 흔들고 호감을 표한다. 친구에게도 강아지처럼 행동하면 어떻게 될까? 다시는 못 볼 사람처럼, 얼마나 만나고 싶었는지 진심으로 전달하라. 약속을 잡았다면, 아무리 바쁜 일이 있어도 그 시간에 충실해라. 강아지처럼, 다시 돌아오지 않을 '지금 관계'에 충실히 하라는 말이다.

• 불평하지 말고 감사하라.

맨날 불평하고 불만, 불행을 얘기하는 친구를 만나고 싶은 사람은 없다. 이런 사람들에겐 항상 부정적인 기운이 넘친다. 만약 당신이 그런 사람이라면, 이제라도 멈춰야 한다. 대신 당신을 만나러 온 친구에게 감사하다고 말해보자. 전화하고, 만나러 나와줘서 감사하다고 해 보자. 나에게 이런 친구가 있어서 얼마나 행복하고 감사한지 말하자. 갑자기 감사하다고 하면, 정신 나간 사람 취급을 받지만, 속으로는 다시 감사의 인사를 나에게 건네고 있다.

• 털어놓아라.

연구에 의하면, '자신'에 대해 털어놓을 때 상대방의 호감을 끌어낼 수 있다고 한다. 일상적인 이야기, 생각, 감정 등을 털어놓을 때 타인과 끊기지 않는 지속적인 상호작용을 끌어낼 수 있다. 깊은 유대관계는 깊은 개인적인 이야기로 묶인다. 서로 '자신'에 관해서 공유하면 심적인 기시감, 즉 타인의 감정을 눈에 보이고 자신이 느끼는 것 같은 진짜 '공감'이 생긴다.

• 자신을 낮춰라.

자신을 낮추라는 말은 무조건 타인의 이야기를 수용하고 머리를 조아리라는 말이 아니다. 겸손해지라는 말이다. 자신이 얼마나 능력이 있는지, 얼마나 많은 것을 가졌는지 뽐내지 말라는 의미이다. 프랑스의 철학자는 이렇게 말했다. "적을 원한다면 더 뛰어난 사람이 돼라." 그리고 무엇보다도, 타인은 자신의 성공과 성취를 털어놓고 싶어 하지, 당신의 자랑을 듣고 싶어 하지 않는다. 친구를 원한다면, 그들의 이야기를 하게 만들어야 한다.

- 내가 변하면 만나는 사람도 변한다

우리가 만나는 사람 때문에 불행하다고 하면, 자신을 먼저 돌아봐야 한다. 자신이 그 불행을 자처한 원인일 수 있기 때문이다. 친구를 만드는 것도 특성이 있고, 패턴이 있다. 폭력적인 부모 밑에서 불우한 유년기를 보낸 사람은 후에 무의식중에 부모와 같은 사람을 만나게 될 확률이 높다. 친구 관계도 마찬가지다. 나의 경험에서, 혹은 자신의 부족한 부분을 채워줄 친구를 만나려고 한다. 내 주위에 있는 사람이 바로 나다. 친구는 나를 보여주는 거울이다. 나는 어떤 특성을 가진 사람들을 만나고 있는가? 나는 왜 만나고 있는가? 객관적으로 점검해봐야 한다.

타인이 비도덕적 혹은 비상식적인 행동을 하더라도 관대한 마음을 가지고 있어야 한다. 나에게 직접적인 손해를 끼치지 않는 이상 타인의 행동을 지적하는 것은 시간과 에너지를 낭비하는 일이다. 덧붙여 타인을 함부로 분석하거나 판단해선 안 된다. 자기 자신도 제대로 파악하지도 못하는 게 우리다. 자신의 마음을 먼저 알고, 타인의 마음, 의도를 알려고 노력해야 한다. 나를 파악하고, 상대방과 꾸준한 상호작용을 통해 그 사람을 알아 가라는 의미다. 섣부른 분석과 판단은 고정관념과 편견을 만든다.

친구와 타인에게 하는 일방적인 비난, 비판은 도움이 아니다. 또한 비난과 비판은 자신의 의도대로 상대방을 바꾸지 못한다. 행인의 외투를 벗기려는 해와 바람의 싸움에서 알다시피 해가 이긴다. 바람은 상대방의 외투를 더욱 단단하게 여미도록 만든다. 상대방은 '변화'가 필요하다고 느낄 때 변한다. 또 비난과 비판, 논쟁은 아무런 의미 없는 감정 다툼으로 변질될 가능성이 있다. 아무리 자신이 옳고, 맞는 의견을 가지고 있더라도 말하기 전에 한 번 더 생각해 봐야 한다. 존중받지 못한 타인이 훗날 당신을 가로막는 큰 적이 될 수도 있기 때문이다.

하버드 대학교의 교수 니콜라스는 "인간의 생각과 감정은 주변 사람에게 전염된다. 행복한 사람은 행복한 사람끼리 만난다."라고 했다.* 부정적인 친구가 있다면 과감하게 그 무리를 떠나야 한다. 미안해하고 자책할 필요는 없다. 내가 유일하고 소중한 친구이기에 내가 떠나가면 그 친구는 빈자리를 느낀다고 생각할 수도 있다. 하지만 나의 자리를 대체할 사람은

* Christakis, N. A., & Fowler, J. H. (2007). The spread of obesity in a large social network over 32 years. New England journal of medicine, 357(4), 370-379.

얼마든지 있다. 대신 불평불만을 들어주거나, 해주는 사람 말이다. 그러니 미련 없이 떠나라.

27
역지사지

상대방의 마음을 이해하고 존중하면 삶이 달라진다

- 나와 타인을 이해하고 존중해야 한다

심리학자인 제프리 영은 인간은 안전, 공감, 인정, 사랑의 보편적인 정서 욕구를 지니고 태어난다고 했다. 부정적인 경험을 통해 이 4가지의 핵심적 정서 욕구가 충족되지 않은 개인은 자신과 타인에 대한 부정적인 관점을 형성한다.* 부모, 혹은 타인에게 거절과 단절을 경험한 개인은 타인을 신뢰하지

* Young, J. E. (1999). Cognitive therapy for personality disorders: A schema-focused approach. Professional Resource Press/Professional Resource Exchange.

못하고, 자신을 사회적으로 부적절하다고 믿는다. 타인과의 관계에서 안정감을 느끼지 못한다. 조건적인 사랑을 받은 개인은 타인에게 통제권을 넘겨주고, 자신을 희생한다. 타인의 인정을 원한다. 엄격하고, 억압적인 환경 속에서 자란 사람은 부정적인 자아를 가지게 된다. 자신의 감정을 억제한다. 기준이 높은 완벽주의자가 된다.

이런 부정적인 경험을 통해 형성된 자신과 타인을 보는 기준은 인간관계에 바람직하지 못한 영향을 준다. 자신에게 필요하거나 부족한 부분을 타인으로 채우려고 한다. 자신의 욕구를 상대방이 충족해 주지 못하면 험담하고 비난한다. 자신은 살 가치가 없는 사람이라며 자책한다. 자기 행동과 표현을 상대방이 어떻게 받아들일지 고민하지 않는다. 단지 자신의 욕구만을 생각한다. 욕구의 좌절은 고통을 불러온다.

인간관계에서 오는 소외감, 불만은 타인을 존중하지 못하고, 자신을 객관적으로 바라보지 못해서 생긴다. 상대방의 행동과 태도를 왜곡 해석하여 받아들인다. 자신이 받아들인 감정, 생각과 태도를 상대방에게 따르도록 강요한다. 자기 기준에서 상식 밖의 행동을 하는 사람을 보고 "왜 저런 행동을 하는지 이해가 안 되네."라고 한다. 반대로 상대방도 우리를 그렇게 볼 수 있다. 자신에 대한 객관화, 타인에 대한 공감과 존중이 있을 때 만족스러운 인간관계를 맺을 수 있다.

- 상대방에게도 욕구가 있음을 이해하고, 존중해야 한다.
- 그 사람의 어떤 좋은 면을 내가 가치 있게 느끼는지 생각한다.
- 타인의 옳고 나쁨을 따지지 말고 수용한다.
- 자신의 욕구를 파악하고, 가꾸며, 상대방에게 강요하지 않는다.
- 나와 타인에게 정직해야 한다.
- 나의 내면과 외면을 사랑하고 존중한다.

- 갈등이 있어도 좋은 관계를 회복할 수 있다

인간관계에서 오는 갈등은 고통을 동반한다. 서로 자신이 상처받은 부분을 심각한 문제로 받아들인다. 나의 의도와 생각을 타인이 먼저 이해해 주고 알아주기만을 기다린다. 아무도 먼저 행동하고, 상황을 바꾸려고 하지 않는다. 그렇게 해결을 유보하고 연기한다. 대화와 연락이 끊긴다. 상처받은 개인들은 서로 이 사건과 갈등을 계속 곱씹는다. 점점 감정의 골이 깊어지고, 상처가 깊어지며 수치심이 든다. 이 관계는 안 되겠다며 정리하기로 마음먹는다. 상대방을 자극하여 먼저 관계를 끝내도록 유도한다. 자신의 자존감과 위신을 지켰다고 믿는다.

가까운 사람과의 관계일수록 사랑이 전부라는 믿음을 가지기 쉽다. 자신이 얼마나 사랑받는지에 따라 감정과 생각이 출렁거린다. 그러나 관계를 지탱하는 것은 사랑만이 아니다. 서로에 대한 신뢰, 친밀감, 서로의 욕구에 대한 수용, 안정성을 느끼는 일상, 새로운 경험과 자극, 그리고 성장이 있다. 좋은 관계를 오래 지속하는 사람은 사랑만 생각하지 않는다. 관계를 지탱해 줄 다양한 가치들을, 이 사람과 어떻게 함께할 수 있을지를 고민한다. 관계의 본질을 알게 되면 시야와 관점이 넓어진다. 내가 어떤 부분에서 감정적으로 대응하고, 무엇이 부족한지 발견할 수 있다.

살면서 자신이 겪은 타인과의 언쟁, 다툼을 생각해 보자. 언제, 어디서, 어떻게 싸우게 되었는지 생각해 본다. 나의 말, 감정, 생각들을 들여다보자. 그리고 노트에 다음 질문에 대한 답을 꼼꼼히 생각하고 적어본다.

- 갈등의 원인은 무엇일까?
- 나는 어떤 부분에서 화가 났는가?
- 이 관계에서 나에게 의미가 있는 것은 무엇일까?
- 상대방은 무엇 때문에 화가 났을까?
- 나의 말과 행동이 정당한가?
- 만약 갈등을 해결한다면, 우리 둘은 무엇을 얻을 수 있을까?
- 갈등이 끝나지 않으면, 잃게 되는 것은 무엇인가?

문장 만드는 연습을 한다. 생각나는 대로 바로 적어보자.

"○○와의 사이를 좀 더 진실하게 생각했다면,

______________________________________."

6개 이상 문장을 완성함으로써 명확하게 자기 내면을 들여다볼 수 있다. 질문에 답하면서 나는 어떤 것을 배웠고, 얻었는가? 나와 상대방에게 중요한 것은 각각 무엇인가? 갈등을 해결하거나, 관계를 정리하거나, 어떤 선택을 하든 이제 용기를 가질 수 있게 된다.

상대방과 갈등을 해결할 수 있는 실마리는 존중이다. "나도 너의 입장에서는 그랬을 거야."라며 상대와 내가 서로 공감대가 형성된 부분을 강조한다. 'yes'를 끌어내는 대화를 해야 한다. 서로 다른 입장, 부정적인 대답 'no'의 끝은 항상 부정적인 결말뿐이다. 사람은 자신의 신념을 지키기 위해서 고집을 부리는 경우가 많다. 좋은 방향으로 끝맺기 위해서는 좋은 시작이 중요하다. 도움이 되지 않고, 자신에게 피해를 주는 관계는 초기에 과감하게 끊어내는 것이 좋다.

- 좋은 관계를 만들고 유지하는 6가지 법칙

우리가 관계를 맺는 이유는 안정, 행복, 그리고 성장을 위해서이다. 정서적인 안정과 지원을 받으며 고통을 이겨낼 힘을 얻는다. 서로 의미 있는 경험을 하고 시간을 보내면서 행복을 느낀다. 부족한 부분은 상대를 본받으면서 보완하고 채운다. 서로 밀어주고 이끌어 준다. 얼마나 멋진 관계인가? 그렇지만 좋은 관계에는 많은 시간이 들어간다. 3개월, 1년, 6년이 될 수도 있다. 이따금 자신의 이익을 위해서 상대방과 관계를 맺기도 한다. 하지만 상대방의 이익을 존중해 주지 않고, 관계의 본질을 생각하지 않는 사람은 평생 정서적인 공허 속에서 허덕이게 된다. 무엇보다도, 혼자 성장하고 살아갈 수 있는 사람은 아무도 없다.

• 존중하고 사랑하라.

모든 사람은 존중받고 사랑받기를 원한다. 천 원을 받으면 천 원을 돌려주는 등가교환의 원칙을 철저하게 지키라는 것이 아니다. 자신의 위치에서, 자신이 타인에게 줄 수 있는 것을 생각하고 주는 것이다. '그 사람은 무엇이 필요할까?'를 고민하고, 감사를 표하는 것이다. 서로 다른 능력이 있다는 것을 잊지 말자. 물질적인 것만이 전부는 아니다.

우리는 서로 다름에 매력을 느끼고 끌린다. 세상에는 비슷한 취향, 성격을 가진 사람은 있어도 완전히 똑같은 사람은 없다. 나와 타인의 다름을 인정하고, 서로 다른 영역을 인정해야 한다. 상대를 향한 존중을 표시하고 수용하는 것이다. 관계를 독립적으로 본다.

• 각자의 '영역'을 존중하라.

아무리 가까운 사람이라도 각자 민감하다고 여기는 영역

을 침범하면 안 된다. 부정적인 감정을 느끼고, 자존감이 상처받는 관계는 존중받는 관계라고 할 수 없다. 그러나 사람은 대화하기 전까지 서로 어떤 부분이 예민한지 알기 어렵다. 때로는 진지하게 상대방에게 자신의 감정과 느낌을 솔직하게 전달해야 한다. 감정을 배제하고 구체적으로 말한다. "당신의 ○○ 행동과 말이 나에게 ○○을 느끼게 해. / ○○을 줘." 관계를 진지하게 생각하는 사람은 이 말을 들으면 자신이 어떤 잘못을 했는지 깨닫고 금방 고친다.

• 관계는 동등함을 기억하라.

동등하다는 것은 서로 수평적인 관계를 유지하는 것을 의미한다. 우리는 연인, 가족들을 어떻게 대하고 있는가? 너무 가깝기에 무조건 의존하거나, 간섭하고, 통제하고, 소유하고 있지는 않을까? 가까운 사람이기에, 그들의 욕구를 더 존중해야 한다. 나이가 많고 적음으로 존중의 기준을 낮추거나 높이지 말아야 한다. 차별하지 말아야 한다. 동등한 관계에서 평등이 나온다. 사람을 구분 짓지 않고, 자신의 쾌락을 위해 피해를 주지 않게 된다.

• 칭찬하고 격려하라.

존중은 타인의 부족한 부분을 들추고 비난하는 것이 아니다. 상대방이 가진 좋은 것에 초점을 맞추고 그것을 강화하도록 격려하는 것이다. "너는 ○○가 안 돼서 못 해, 성공할 수 없어." 대신에 "○○을 잘하는 것이 너의 큰 강점이야, 이런 강점이 ○○한 것에 도움이 돼."라고 말한다. 칭찬은 타인에게 자신에 대한 긍정적인 인식을 심어준다.

• 관심을 가져라.

우리는 모두 관심을 원한다. 아무리 내성적인 사람이라도 말이다. 관심을 받을 때 비로소 우리는 존중받고 있다고 느낀다. 좋은 인간관계를 형성하고 싶다면 자신의 이야기만 떠들기보다는 상대방의 이야기를 물어보라. 이 현황에 대해 어떻게 생각하는지를 물어보라. 사소한 관심과 질문이 그 사람에게 빛을 비춘다. 자기 생각과 감정을 더 솔직하게 표현할 수 있는 용기도 준다.

• 스스로 하게 만들라.

사람은 필요하다고 느끼는 것을 한다. 규율, 규칙, 강요는 아무도 바꿀 수 없다. 그들 스스로 중요하다고 생각할 때 동기가 생긴다. 협력과 책임 의식이 생긴다.